21研解説シリーズ

BEPS Q&A

新しい国際課税の潮流と企業に求められる対応

21世紀政策研究所
経団連経済基盤本部 ◆編著

経団連出版

発刊にあたって

　21世紀政策研究所は、1997年に創設以来、経団連の公共政策のシンクタンクとして多くの論文・報告書を取りまとめ、政策提言を行ってまいりました。その一環として、国際課税に関する研究会を、青山慶二早稲田大学大学院会計研究科教授を研究主幹にお招きして2009年4月より開始しました。2013年からは、OECDでBEPSをめぐる問題が取り上げられることとなり、当研究会では、この問題は日本企業に大きな影響を及ぼすことになると考え、いち早く取り扱うこととしました。

　OECDは、2015年10月に、一部の多国籍企業による行き過ぎた租税回避を防止するための新たな枠組みを示すBEPS最終報告書を公表しました。今後は、その内容に従って、各国政府が租税条約の改訂や国内での関連法制の整備などを進めることになります。このように国際課税の分野が大きく変革していくなか、21世紀政策研究所として、新しい国際課税の潮流と企業に求められる対応を解説する書籍を発刊することにいたしました。

　本書は、これまでの研究会の研究成果であり、研究会にお力添えいただいた企業、税理士法人、大学教授など多くの方に深く感謝の意を表させていただきます。

2016年4月

21世紀政策研究所
所長　三浦　惺

はしがき

　OECD／G20は、2015年10月に、「税源浸食と利益移転」（BEPS）に有効に対処するためのプロジェクト（BEPSプロジェクト）の最終報告書（BEPS最終報告書）を発表し、多国籍企業の租税回避を防止するための15項目に及ぶ包括的な対処案を勧告した。BEPSプロジェクトは、次の2点において、過去半世紀で最大ともいえるインパクトをもった国際課税の改革であると評価される。その第1は、各国間の国際課税に関する法制度（国内法及び租税条約）自体あるいはその解釈に乖離がある場合に、その間隙を突いて二重非課税の利益を狙う巧妙なタックス・プランニングの防止を国際協調により保障した点である。第2には、国際租税制度の重要な諸原則の実施ガイダンスに生じた金属疲労を補修して移転価格税制などに生じていた国際的租税回避のループホールを閉鎖する合意を達成した点である。その結果、2012年の当プロジェクト開始時に対象事例として挙げられた「ダブル・アイリッシュ・ダッチ・サンドウィッチ型スキーム」にみられるような欧米間での多国籍企業による典型的租税回避事例の阻止という直接効果に加えて、国際課税ルールの抜本見直しにより保障される企業活動における競争中立の確立という経済効果も期待される。

　ただし、同プロジェクトはアグレッシブなタックス・プランニングをターゲットとしたため、その処方箋は一般的に厳しいコンプライアンス義務を付加するものが多くならざるを得ない宿命にあった。今回の対処案のもたらす新たなコンプライアンス義務は、達成しようとする公平な租税負担との関係でバランスのとれたものなのかどうかといういわゆる比例原則に基づく検証を行う役割が、特に今回は経済界に大きく期待されていた。

　上記の使命感に基づき、経団連・21世紀政策研究所国際租税研究会では、過去3年間にわたりBEPSプロジェクトの進行状況を見守りつつ、15の行動計画ごとに提案される公開討議草案の研究を行ってきた。その際には、OECD

経済産業諮問委員会（BIAC）と連携することはもとより、国内では経団連経済基盤本部での我が国経済界としての意見取りまとめ作業とも連携している。また、この間、経団連との協力のもとに、我が国では初めての取り組みとなる①OECD事務局との定例意見交換会の開催や②OECD本部での公聴会に我が国経済界から出席し意見表明を行うなど、新たな意見発信の場を開拓してきた。

　我が国多国籍企業は、欧米多国籍企業のアグレッシブなタックス・プランニングとは一定の距離を置いているという評価を一般的に受けている。むしろ、アジアを中心とした直接投資の場では現地課税当局のアグレッシブな課税攻勢に直面する困難に対処してきたという特徴を有している。そのような我が国多国籍企業の状況に鑑み、我が国経済界からの積極的な情報発信は、BEPSプロジェクトの諸提言に対し多面的で比例原則に配慮した意見を提供できるステークホルダーとして重視され、多くの意見がBEPS最終報告書にも反映されている。

　本書は、BEPS最終報告書に基づき国内法や条約改訂の実施段階に入った2016年におけるBEPSプロジェクトを理解したいとする読者の広範なニーズに応えられるように、経団連経済基盤本部と21世紀政策研究所が執筆・編集したものである。第1編のBEPS問題入門では、国際ビジネスの課税の概要説明からスタートして、BEPS問題の発生から検討の経緯、さらにはBEPS最終報告書の完成までを、具体的な問題取引事例を取り入れた解説によりカバーしている。ここで提供された基礎知識とBEPSプロジェクトの歴史的全体像こそ、読者にとって、第2編の各論の理解を容易にする上で、必要なイントロダクションである。続く第2編の企業へのインパクトでは、BEPS最終報告書の具体的内容に即してそれが我が国現行法にとってどのような改正の方向性を示しているのかを詳細に検討している。ここでは、BEPS最終報告書自体では専門用語が連続し一般読者にとって理解が困難な部分についても、具体的な取引図を示した平易な解説により分かりやすくする工夫が凝らされている。

はしがき

第3編では、我が国多国籍企業の財務担当者による座談会が収録されているが、ここではBEPS最終報告書に直面した財務担当者の懸念や今後の改正への各企業としての対応上の課題などが解説されている。実務に深くかかわる読者には、共感するところも多い部分と思われる。

　全体としてBEPS問題を包括的に解説したこのタイムリーな書物は、我が国の多国籍企業税務にかかわる実務家にとっての身近なガイダンスとなるとともに、税に関心を抱く一般読者の方々にとっても知的好奇心を十分に満たしうる書物であることを確信している。

　なお、本書のベースとなった21世紀政策研究所の2016年報告書は、「グローバル時代における新たな国際租税制度のあり方～BEPSプロジェクトの総括と今後の国際租税の展望～」である。また、PwCの岡田至康顧問、関西学院大学の一高龍司教授、立教大学の浅妻章如教授、早稲田大学の渡辺徹也教授、一橋大学の吉村政穂准教授へのインタビューからも貴重なインプットを得た。この場をお借りして感謝の意を表したい。

2016年4月

21世紀政策研究所 研究主幹
早稲田大学大学院会計研究科 教授
青山　慶二

目次

発刊にあたって　3

はしがき　5

第1編　BEPS問題入門 …………………………………… 19

第1章　はじめに ………………………………………………… 20

Q1．BEPSとは何ですか。なぜ企業はBEPSをめぐる問題を把握する必要があるのですか ……………………………………………… 20

Q2．BEPSをめぐる問題の重要性は日本では認識されているのですか　22

Q3．BEPSはなぜ国際社会において問題とされるのですか ………… 23

　コラム1　BEPSによる逸失法人税収 ……………………………… 23

Q4．BEPS最終報告書の公表後、どのような動きがありましたか。また、企業への影響はどうですか ……………………………………… 24

第2章　国際課税とは ………………………………………… 25

Q5．企業が国際的にビジネスを展開すると、どのような税務上の問題が生じるのですか ……………………………………………………… 25

Q6．日本企業が米国の企業に資産の譲渡を行った場合、税務上どうなるのですか（具体例1） ……………………………………………… 27

Q7．日本企業が米国の企業に資金の貸付けを行い、利子を得た場合、税務上どうなるのですか（具体例2） ……………………………… 30

Q8．米国内にある日本企業の支店が所得を得た場合、税務上どうなるのですか（具体例3） ……………………………………………… 32

　コラム2　外国税額控除制度 ………………………………………… 34

Q9．具体例1～3をまとめると、どういうことになりますか ……… 35

第3章　BEPSの実態 ……………………………………………… 36

- **Q10.** なぜBEPSというものが生じるのですか ………………………… 36
- **Q11.** Q6の具体例1（資産譲渡）に関連していうと、どのような事態が生じているのですか …………………………………………… 38
- **Q12.** Q7の具体例2（利子所得）に関連していうと、どのような事態が生じているのですか …………………………………………… 41
- **Q13.** Q8の具体例3（支店所得）に関連していうと、どのような事態が生じているのですか …………………………………………… 43
- **Q14.** 実際に問題になったBEPSの事例について説明してください（1）… 44
- **Q15.** 実際に問題になったBEPSの事例について説明してください（2）… 46

第4章　BEPSへの対応 ……………………………………………… 48

- **Q16.** BEPSに対して、国際社会はどのように対応してきたのですか … 48
- **Q17.** BEPS行動計画とは何ですか ………………………………………… 51
- **Q18.** 経団連及び21世紀政策研究所はどのような役割を果たしたのですか …………………………………………………………………… 53
- **Q19.** BIAC税制・財政委員会とは何ですか …………………………… 55
- **Q20.** OECDの公聴会とはどのようなものですか ……………………… 57

第5章　BEPS最終報告書 …………………………………………… 58

- **Q21.** BEPS最終報告書の勧告内容はどのように分類できますか ……… 58
- **Q22.** BEPS最終報告書を受けた今後のOECDの課題は何ですか ……… 60
- **Q23.** 日本における国内法制化の展望はどうなっていますか ………… 61
- **Q24.** BEPS最終報告書はどのような順番で理解していけばよいですか … 62

第2編　企業へのインパクト

第1章　国内法改正関係

第1節　電子経済への対応（行動1）

- Q25. OECDにおいて電子経済への対応が検討された背景は何ですか … 66
- Q26. BEPS最終報告書はどのような内容になりましたか … 68
- Q27. 日本の経済界の主張はどのように反映されているのですか … 70
- Q28. 消費税に関して、日本の税制改正の状況はどうなっていますか … 71
- Q29. 今後の注目ポイントは何ですか … 75

第2節　ハイブリッド・ミスマッチ取決めの無効化（行動2） … 76

- Q30. ハイブリッド・ミスマッチ取決めとはどのようなものですか … 76
- Q31. BEPS最終報告書ではどのような内容が勧告されたのですか … 79
- コラム3　外国子会社配当益金不算入制度 … 80
- Q32. 日本の経済界の主張はどのように反映されているのですか … 81
- Q33. 日本の税制改正の状況はどうなっていますか … 83
- Q34. 今後の注目ポイントは何ですか … 84

第3節　移転価格文書化（行動13） … 85

- Q35. 移転価格税制とは何ですか … 85
- Q36. 移転価格文書化とは何ですか … 86
- Q37. BEPS最終報告書ではどのような内容が勧告されたのですか … 88
- Q38. 国別報告事項とはどのようなものですか … 89
- Q39. マスターファイルとはどのようなものですか … 90
- Q40. なぜBEPS対策として移転価格文書化の勧告が行われたのですか … 91

Q41. BEPS最終報告書に至るまで、どのような議論が行われたのですか ··· 93

Q42. 議論の過程で論点となった項目について、どのように決着したのですか ·· 95

Q43. 日本での税制改正で国別報告事項・マスターファイルはどうなりましたか ·· 97

Q44. 日本での税制改正でローカルファイルはどうなりましたか ······ 100

Q45. 企業としてはどのような点に注意が必要ですか ························ 101

Q46. 今後の注目ポイントは何ですか··· 102

第4節　効率的なCFC税制の設計（行動3） ············· 104

Q47. CFC税制とは何ですか ·· 104

Q48. 日本のCFC税制の目的は何ですか ······································· 105

Q49. これまで日本のCFC税制はどのように改正されてきたのですか··· 106

Q50. 日本の現在のCFC税制はどのように合算対象となる所得を判定していますか（1）··· 108

Q51. 日本の現在のCFC税制はどのように合算対象となる所得を判定していますか（2）··· 111

Q52. 日本の現在のCFC税制ではどのように資産性所得合算課税を行うのですか ·· 114

Q53. BEPS最終報告書ではどのような内容が勧告されたのですか ······ 115

Q54. 日本の経済界の主張はどのように反映されているのですか ······ 119

Q55. 日本のCFC税制は今回の勧告を受けて改正されるのですか ······ 120

Q56. 日本の経済界からみたCFC税制の課題は何ですか ···················· 122

　　コラム4　コーポレート・インバージョン ································ 124

第5節　移転価格と価値創造の一致（行動8～10） ············ 125

Q57. OECD移転価格ガイドラインとは何ですか ···························· 125

Q58. 移転価格税制ではこれまでどのような問題が生じていたのですか … 127
Q59. BEPS最終報告書ではどのような内容が勧告されたのですか …… 129
Q60. 行動9（リスクと資本）について、どのような勧告がなされたのですか ………………………………………………………………… 130
Q61. 取引の否認（Non-recognition）とは何ですか ………………… 134
Q62. 行動8（無形資産取引に係る移転価格ルール）について、どのような勧告がされましたか ……………………………………… 136
Q63. 無形資産はどのように定義付けられたのですか ……………… 137
　コラム5　のれんと無形資産 ……………………………………… 138
Q64. 無形資産に関するリターンの帰属について、どのような内容が勧告されたのですか ………………………………………………… 139
Q65. 無形資産の価格算定方法について、どのような内容が勧告されたのですか ……………………………………………………………… 140
Q66. 行動10（他の租税回避の可能性の高い取引に係る移転価格ルール）について、どのような議論が行われたのですか ……………… 143
　コラム6　移転価格算定方法 ……………………………………… 145
Q67. 日本の経済界の主張はどのように反映されているのですか …… 146
Q68. 企業としてはどのような点に注意が必要ですか ……………… 147
Q69. 今後の注目ポイントは何ですか ………………………………… 149
　コラム7　日本の移転価格税制の体系 …………………………… 150

第6節　有害税制への対抗（行動5） …………………………… 151

Q70. BEPS最終報告書はどのような内容になりましたか ………… 151
Q71. パテント・ボックスにおけるネクサス・アプローチとは何ですか … 153
Q72. 日本における税制改正との関係はどうなっているのですか … 156
Q73. ルーリングの自発的情報交換とは何ですか …………………… 157
　コラム8　情報交換の種類 ………………………………………… 159

第7節　利子控除制限（行動4） ……………………………… 160

- Q74. 利子控除制限とは何ですか。また、なぜ支払利子を損金算入することがBEPSとして問題とされるのですか …………………… 160
- Q75. 現在、利子を国外の関連会社に支払う場合には、日本ではどのような規制がありますか ……………………………………… 161
- Q76. 過少資本税制とは、どのような制度ですか ………………… 163
- Q77. 過大支払利子税制とは、どのような制度ですか …………… 164
- Q78. BEPS最終報告書ではどのような内容が勧告されたのですか … 167
- Q79. BEPS最終報告書で提案されたオプションルールは、どのような内容になっていますか ……………………………………… 169
- Q80. BEPS最終報告書のとおり各国政府で関連法制の整備がなされると、企業にどのような影響があるのですか。とりわけ、日本企業にはどのような影響が生じますか ………………………… 172
- Q81. 企業としてはどのような点に注意が必要ですか …………… 174

第8節　義務的開示制度（行動12） ………………………… 175

- Q82. BEPS最終報告書ではどのような内容が勧告されたのですか … 175
- Q83. どのような取引を報告しなければならないのですか ……… 177
- Q84. 誰が、いつ情報を報告しなければならないのですか ……… 179
- Q85. 何を報告しなければならないのですか。また、開示しなかった場合にはどうなるのですか ……………………………………… 181
- Q86. 国際的な租税回避スキームに、義務的開示制度はどのように適用されるのですか ………………………………………………… 182
- Q87. 開示対象となる単一国内でのスキームの具体例はどのようなものですか ……………………………………………………… 184
- Q88. 開示対象となる国際的なスキームの具体例はどのようなものですか ………………………………………………………… 185
- Q89. 日本の経済界の主張はどのように反映されているのですか … 188

Q90. 今後の注目ポイントは何ですか ………………………………… 190
　コラム9　一般的否認規定（GAAR）……………………………… 192

第2章　租税条約関係 …………………………………………… 193

第1節　条約の濫用防止（行動6）………………………………… 193

Q91. 租税条約とは何ですか ……………………………………… 193
　コラム10　日台租税取決 …………………………………………… 195
Q92. 租税条約にはどのようなことが定められているのですか……… 196
Q93. BEPS最終報告書ではどのような内容が勧告されたのですか…… 198
Q94. LOB（特典制限規定）とは何ですか …………………………… 199
Q95. PPT（主要目的テスト）とは何ですか ………………………… 201
　コラム11　導管取決防止メカニズム ……………………………… 202
Q96. PPTにより特典が制限される具体例としてどのようなものがありますか ……………………………………………………… 203
Q97. PPTに抵触しない具体例としてどのようなものがありますか … 204
Q98. 日本の経済界の主張はどのように反映されているのですか …… 205
Q99. 企業としてはどのような点に注意が必要ですか ……………… 207
Q100. 今後の注目ポイントは何ですか ……………………………… 209

第2節　PE認定の人為的回避の防止（行動7）…………………… 210

Q101. PEとは何ですか ………………………………………………… 210
　コラム12　OECDモデル租税条約と国連モデル租税条約の違い〜PE規定は国連型に〜 ……………………………………………… 212
Q102. BEPS最終報告書ではどのような内容が勧告されたのですか…… 213
Q103. 代理人PEについて、どのような内容が勧告されたのですか … 215
Q104. 準備的・補助的活動について、どのような内容が勧告されたのですか……………………………………………………………… 218

- Q105. 企業活動の分割について、どのような内容が勧告されたのですか … 220
- Q106. 日本の経済界の主張はどのように反映されているのですか … 222
- Q107. 企業としてはどのような点に注意が必要ですか … 224
- Q108. 今後の注目ポイントは何ですか … 226
  - コラム13　AOAと帰属主義 … 227

第3節　紛争解決メカニズムの効率化（行動14） … 228

- Q109. 国際課税において、紛争が発生するのはどのような場合ですか … 228
- Q110. 国際課税において紛争が発生した場合、企業はどうすればいいのですか … 230
- Q111. 相互協議とは何ですか … 232
- Q112. 仲裁とは何ですか … 234
- Q113. BEPSプロジェクトにおいて、「紛争解決メカニズムの効率化」が提起された背景は何ですか … 235
- Q114. BEPS最終報告書ではどのような内容が勧告されたのですか … 236
- Q115. 日本の経済界の主張はどのように反映されているのですか … 239
- Q116. 今後の注目ポイントは何ですか … 240

第4節　多国間協定の開発（行動15） … 241

- Q117. 多国間協定とは何ですか … 241
- Q118. 今後の注目ポイントは何ですか … 243

第3章　まとめ（新しい国際課税の潮流） … 244

- Q119. まとめると、BEPS最終報告書によって、これまで節税策を駆使してきた一部多国籍企業はどのような影響を受けるのですか … 244
- Q120. まとめると、BEPS最終報告書によって、日本企業はどのような影響を受けるのですか … 247

Q121. BEPSプロジェクトによってみえてきた新たな国際課税の潮流とは何ですか ……………………………………………… 250

第3編　座談会
新しい国際課税の潮流と企業に求められる対応 …… 253

項目索引　275

表紙カバーデザイン──矢部竜一

第1編
BEPS問題入門

第1章　はじめに
第2章　国際課税とは
第3章　BEPSの実態
第4章　BEPSへの対応
第5章　BEPS最終報告書

第1章 はじめに

Q1.
BEPSとは何ですか。なぜ企業はBEPSをめぐる問題を把握する必要があるのですか

> **Point**
> BEPSとはBase Erosion and Profit Shiftingの略称です。企業がBEPSの問題を把握する必要があるのは、企業グループ全体の事業構造のあり方や経営資源の配分等の問題に密接にかかわってくるためです。

　BEPSとはBase Erosion and Profit Shifting（税源浸食と利益移転）の略称であり、多国籍企業が価値創造を行った場所や実質的な経済活動を行った国から利益を税金の安い他国に移転するなどして不当に企業グループの税負担を軽くすることをいいます。

　OECD（経済協力開発機構）は2015年10月にBEPS対策に関する報告書（BEPS最終報告書）を公表しました。その内容は、国際課税の分野で史上初めてといっても過言ではないほどの広範な制度変更につながるものです。

　例えば今後、企業は課税当局に新たに機密性の高い企業情報を記載した文書を提出しなければならなくなります。それ自体が事務負担の増加を伴うものですが、課税当局がそれらの文書をもとに一層、厳格な税務調査を行ったり、本来の目的から逸脱して文書を使用したりすることも懸念されます。

　また、各国の課税当局が新たな国際課税のルールを自国に都合の良いように恣意的に解釈し、その結果、企業に莫大な税金が課せられたりすることが懸念されています。

　それゆえ、BEPSをめぐる問題は、単に経理部の税務担当者のみが把握しておけば足りるという問題ではありません。経営に携わる者は、コーポレートガバナンスの一環として、自社及び海外を含む自社グループの税務リスクについても適切に分析し、対処することが求められています。場合によって

は、企業グループ全体の事業構造を再検討したり経営資源の配分方法を変える必要があるかもしれません。十分な対策を怠った結果、企業が莫大な税金を負担することになれば、経営責任を問われ、株主代表訴訟によって多額の損害賠償請求をされるおそれもあります。

Q2.
BEPSをめぐる問題の重要性は日本では認識されているのですか

> **Point**
> 残念ながら日本国内において必ずしも十分に認識されているとはいえません。

　BEPSの議論の発端は米国等の一部の多国籍企業による節度を欠いた節税策（タックス・プランニング）にありました。こうした背景から、日本企業にとっては当初、どこかBEPSをめぐる問題は「対岸の火事」との認識があり、今でもそうした感覚が残っていると思われます。

　現在、税務専門誌における特集や税理士法人によるセミナーの開催等により、各社の経理・税務担当者においてはBEPSの重要性が浸透しつつあります。なかには、BEPS最終報告書で勧告された内容を施行前にもかかわらずトライアルで実施する先進的な企業もあります。しかし、トップ・マネジメントも含め、全社的に浸透している企業が多数かというと、そうではないと考えられます。

Q3.
BEPSはなぜ国際社会において問題とされるのですか

> **Point**
> BEPSに関与していない企業の競争条件が不利になり、また、税収の減少によって各国の財政が悪化するからです。

　一部の企業のみが過剰な節税行為により税負担を不当に軽減すると、そのような節税を行っていない企業の競争条件が不利になり、公平な競争が害されます。また、納税者の不公平感が高まり、税制に対する信頼が揺らぎます。さらに、税収の減少によって各国の財政が悪化します。

　このような問題を受け、近年、国際課税の分野では、価値創造が行われた場所、実質的な経済活動が行われる場所で応分の税を払うべきとの考えが支持を得つつあります。

コラム1　BEPSによる逸失法人税収

　OECDはBEPSによる法人税収の逸失額を全世界で約1,000～2,400億ドル、法人税収全体に占める割合でみると約4～10％と見積もっています。BEPS最終報告書は15のBEPS行動計画に対応していますが、この数値は行動11（BEPSの測定・モニタリング）の成果物として公表されたものです。

　ただ、1ドル＝100円と仮定すると、10～24兆円と幅のある数字です。OECDも現在入手可能なデータでは測定の精度に限界があると指摘しています。

Q4.
BEPS最終報告書の公表後、どのような動きがありましたか。また、企業への影響はどうですか

> **Point**
> OECDのみならず、G20の首脳もBEPS最終報告書を支持しました。今後、各国で国内法の改正が行われるとともに、二国間の租税条約の改訂が進められます。この結果、企業の事務負担や課税の増加につながることが懸念されます。

　OECDが公表したBEPS最終報告書は、2015年10月のG20財務大臣会合に続き、同年11月のG20アンタルヤ・サミットにも提出され、日本の安倍首相をはじめとするG20諸国の首脳から全面的な支持を得ました。

　ここでG20という言葉が出てくることが重要です。報告書を取りまとめたのはOECDですが、その影響はOECD加盟国である先進諸国のみならず、G20を構成する中国、インド等のいわゆる新興国・開発途上国にも及ぶということです。

　今後、BEPS最終報告書の内容に従って、各国政府が国内で関連法制の整備を進めることとなります。日本でも一部の制度については措置済みですが、本格的な整備は2016年度以降となります。租税条約や移転価格税制といった、二国間にまたがる課税関係のルールも変わります。これにより、国際課税に関する各国の制度の調和、企業間の競争条件の均衡化が期待されます。これが今回のBEPS対策に関する国際的な取り組みのプラスの成果です。

　しかし、今回のBEPS対策に関する国際合意はガラス細工のようなものでもあります。もし各国における関連法制の整備・運用が何らかの理由によりうまくいかない場合、あるいは国際協調を反故にするような一国主義的な動きが出てきた場合には、期待された成果が得られない一方で、企業の事務負担や課税の増加につながることが懸念されます。

　そこで本書では、BEPS最終報告書の内容とその影響についてみていくことにしていますが、次の第2章では、その前提として、国際課税の仕組みを簡単に確認していきます。

第2章　国際課税とは

Q5.
企業が国際的にビジネスを展開すると、どのような税務上の問題が生じるのですか

Point

企業の同一の経済活動・収益・利益に対し、複数の国から課税される場合があります。

　企業が国際的にビジネスを展開した場合、例えば「国際税」という名目で課税されるわけではありません。また、「国際課税法」という法律が存在するわけでもありません。あくまでも企業が活動をしている各国において、法人税法、消費税法、あるいはそれに類する法律に基づき、法人税、消費税といったなじみのある名目で課税されます。

　問題は、企業の同一の経済活動・収益・利益に対して、複数の国が課税を行う場合があるということです。そのような場合における国家間の課税権の配分をどのように行うのかということが、国際課税の基本的な課題です。

　次のQから、国際課税で生じる典型的な例を説明していきます。**Q6**は日本企業が米国の企業に資産の譲渡を行った場合（具体例1）、**Q7**は日本企業が米国の企業に資金の貸付けを行い、利子を得た場合（具体例2）、**Q8**は米国内にある日本企業の支店が所得を得た場合（具体例3）です。

　なお、企業会計の世界では売上等を「収益」、原材料費や人件費等を「費用」、その差額を「利益」と呼びますが、法人税法においては収益を「益金」、費用を「損金」、その差額を「所得」と呼びます。法人税は、この所得計算の最終値たる課税所得に税率を乗じて算出されます。もっとも、法人税法において、何が益金となり何が損金となるかについては、課税上の公平性の観点から法人税法独自に規定するものであり、多くの項目は会計上の収益、費用に対応しているものの、必ずしも法人税法上の益金、損金と会計上の収

益、費用とが一致しているわけではありません。本書では今後、これらの言葉が何度も出てくるため、用語の定義として押さえていただければと思います。

企業会計	法人税法
収益	益金
費用	損金
利益（収益－費用）	所得（益金－損金）

Q6.
日本企業が米国の企業に資産の譲渡を行った場合、税務上どうなるのですか（具体例1）

Point

米国の企業が日本企業の子会社である場合、資産の譲渡価格をめぐって両国の課税当局の見解が異なり、二重課税が生じる可能性があります。このような状況を解決するため、日米は租税条約を締結しています。

例えば図表1のように日本にX社という会社があり、米国にY社という会社があったとします。X社は日本において60万円で中古車を仕入れ、80万円でY社に売ります。一方、Y社は米国において100万円でその車を消費者に売りました。この場合に、どのような課税がなされるでしょうか。

〈ケース1〉

X社は60万円で仕入れた中古車をY社に80万円で売っており、20万円の所

図表1◆資産譲渡

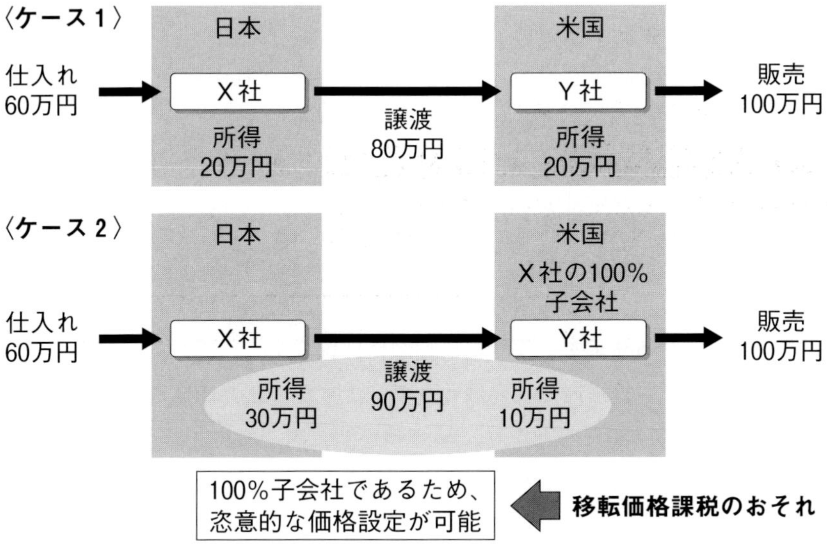

〈ケース1〉

仕入れ60万円 → X社（日本）所得20万円 →譲渡80万円→ Y社（米国）所得20万円 →販売100万円

〈ケース2〉

仕入れ60万円 → X社（日本）所得30万円 →譲渡90万円→ Y社（米国／X社の100％子会社）所得10万円 →販売100万円

100％子会社であるため、恣意的な価格設定が可能 ← 移転価格課税のおそれ

得を得ています。そこで、X社の所在する日本の課税当局が、X社の20万円の所得に対して法人税を課すことになります。

一方、Y社は80万円で仕入れた中古車を米国において100万円で販売しており、20万円の所得を得ています。そこで、米国の課税当局がY社の所得20万円に対して法人税を課すことになります。

もしX社とY社に資本関係がなければ、この話は以上となります。日本と米国の課税当局がそれぞれの国でそれぞれの企業に法人税を課して終わりであり、国家間の課税権の配分などという問題は生じません。

〈ケース2〉

しかし、仮にY社がX社の100％子会社だったらどうでしょうか。X社とY社は1つの多国籍企業グループを形成しているといえます。日本の法人実効税率（約29.97％）よりも米国の法人実効税率（約40％）の方が高いため、親会社であるX社としては、譲渡価格を例えば90万円と高めに設定することで、X社の所得を30万円に、Y社の所得を10万円として、税率の高い米国における法人税を低く抑え、グループ全体としての税負担を軽減しようとする誘引が働きやすい状況です。X社は親会社としてY社をコントロールできる立場にあるため、恣意的に価格設定をすることは容易かもしれません。

しかし、米国の課税当局からすると、譲渡価格（Y社からすると仕入価格）90万円は簡単には認められないということになりそうです。90万円という価格を認めると、米国の法人税収が減るからです。そこで、X社とY社が独立企業の関係、つまりX社とY社に親子の資本関係がなければ、譲渡価格は80万円であっただろうとして、米国の課税当局としては取引価格が90万円に設定されていたとしても、80万円に引き直し、20万円の所得があったとして課税する可能性があります。これが移転価格課税です。

では、日本の課税当局の立場はどうでしょうか。譲渡価格が90万円であれば、X社の所得は30万円となり、譲渡価格80万円、所得20万円の時に比べ、日本の法人税収が増えることになります。場合によっては、譲渡価格は90万円でも良い（90万円の方が良い）ということになるかもしれません。この結

果、日本と米国の課税当局で見解が異なる事態が生じます。すると、米国で20万円、日本で30万円、合計50万円の所得に課税され、10万円分について、日本と米国という2つの国が課税することになりそうです。この状態を二重課税といいます。

ここで国家間の課税権の配分の問題が出てきます。譲渡価格の違いが、両国の税収の多寡に直接結びつくからです。では日本と米国はこの問題をどのように処理しているのでしょうか。

答えは日米租税条約です。各国はこのような二重課税を防止するために、あるいは軽減する観点から、租税条約を結んでいます。日米租税条約の第9条では、親子会社間の取引は独立企業間の価格に引き直すことができる旨定められています。そして、一方の国による引き直しについて他方の国が合意する場合、他方の国は引き直しの結果を受け入れ必要な調整を行う、とされています。

この条文のひな型となっているのがOECDモデル租税条約です。また、独立企業間の価格といっても、実際にどのように計算すればいいのかという問題が生じることから、別途OECDモデル租税条約の第9条（特殊関連企業）のいわば解説書という位置付けで、OECDが移転価格ガイドライン（OECD移転価格ガイドライン）を定めており、各国の課税当局や企業がそれを参照することになっています。

企業としては、自らが設定した譲渡価格を米国、あるいは日本の課税当局によって事後的に引き直されることのないよう、移転価格ガイドラインやそれに準拠した国内法を確認しながら、注意深くビジネスを進めていくことになります。また、税務調査で質問された場合に備え、取引に関する契約書や関係する文書を作成し、譲渡価格の適切さについて説明できるようにしておく必要があるでしょう。

それでもなお移転価格課税が行われ、日米間で最終的に見解が異なる場合には、納税者である企業は自国の課税当局に相互協議の申立てをすることができ、それによって事案の解決を図ることになります。その手続についても、租税条約で定められています。

Q7.
日本企業が米国の企業に資金の貸付けを行い、利子を得た場合、税務上どうなるのですか（具体例2）

> **Point**
> 利子に対し日米両国が課税し、二重課税が発生します。しかし、日米租税条約によって米国における課税が抑制されるため、二重課税は軽減されます。

　図表2のように、日本のX社が米国のY社に対し、利率1％の条件で1,000万円を貸し付け、Y社から10万円の利子の支払が行われたとします。この場合の課税関係はどうなるでしょうか。説明の便宜から、この事例において損金はないものとし、益金＝所得であると仮定します。

　Y社がX社に10万円を支払っているため、X社は10万円の所得を得ています。この所得に対しては、まず日本の課税当局が課税することが考えられます。

　もっとも、この10万円は米国にあるY社が支払ったものであり、米国で生み出されたものとも考えられることから、米国の課税当局もこの10万円に対して課税することが考えられます。

　結果、同じ10万円に対して日本と米国という2つの国が課税するという、二重課税が発生することになりそうです。そこで、日米両国は、このような二重課税を軽減するため、租税条約を結んでいます。

　仮に条約がなければ、米国は国内法に基づき、利払い10万円に対し30％の税金を課すことができます。しかし、日米租税条約では、利子に対して締約国（この場合、米国）が課税してよい税金は、最大で10％とされています。

図表2 ◆利子所得

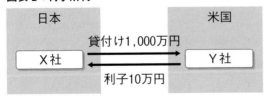

この例では、10万円×10％で1万円ということになります。米国で納める税金を少なくすることで、日本における課税との二重課税を軽減しています。

なぜ租税条約が利払いに対する税率に限度を設けているかというと、二重課税が少ないほど、両国間の経済交流も促進されると双方が考えているからです。さらに現在日米間では、経済交流のさらなる促進のため、租税条約の改訂作業が進んでおり、米国での批准プロセスが終了すれば発効する状況にあります。それによれば、日米間の利子の支払については、利子の支払国で税金を課さないというかなり踏み込んだ内容となっています。すなわち現在、最大10％とされる税金が0％になるということです。これが実現すれば、10万円の利子に対する税金は受け取り側の日本のみが課すことになり、二重課税は生じないことになります。国家間の課税権の配分という意味では、この場合、米国が譲歩するということです。もちろん、米国から日本への貸付けを行った結果、日本側が利払いを行うという逆の局面では、日本が譲歩し、課税を行わないことになります。条約はあくまでも相互主義です。

なお、この事例において、税金1万円を負担するのは、もちろんX社です。ただ、課税技術上、米国の企業ではないX社がわざわざ米国の税務署に税金を払うのは難しいことから、実際はY社がX社に送金する利払い額を10万円ではなく9万円とし、残りの1万円をY社が米国の課税当局にX社に代わって納めることになります。このような、源泉徴収での課税を源泉税といいます。サラリーマンの給料に課される所得税や住民税を、サラリーマンに代わって会社が税務署や市役所に納めているのと基本的には同じです。

ところで、米国で源泉税が課され、X社には9万円しか送金されなかったとしても、X社は10万円の所得があったとして法人税の計算を行います。その上で、日本には、一定の条件のもと、外国で払った税金を日本の法人税額から差し引ける制度（外国税額控除制度といいます。**Q8**のコラム2参照）がありますので、それを利用することになります。条約による源泉税率の制限という直接的な手当てに加えて、日本国内の制度によっても、二重課税を排除するメカニズムが働いています。この話は次の**Q8**でも出てきます。

Q8.
米国内にある日本企業の支店が所得を得た場合、税務上どうなるのですか（具体例3）

> **Point**
> 支店所得に対し日米両国が課税し、二重課税が発生する可能性があります。しかし、日米租税条約のもとで米国における課税が優先され、二重課税は軽減されます。

　図表3のとおり、日本にあるX社は、米国で何らかの規制により子会社をつくることができなかったため、米国に支店を置き、店舗を借りて従業員を数名配置しました。そしてX社は、日本の本店で100万円、米国支店で100万円の所得を得て、合計200万円の所得を計上したとします。この場合にどのような課税関係になるでしょうか。

　まず日本の課税当局は、日本の法人税法に則り、X社の本店での所得である100万円のみならず、支店での所得も含めた全体の200万円に対して、法人税を課すことができます。一方、米国の課税当局は、米国法に則り支店の所得100万円に対して法人税を課すことができます。そうすると、米国にある支店の100万円の所得については、日本と米国で二重に課税されることになります。

　ここでも日米租税条約が関係してきます。まず条約では、第5条及び第7条において、恒久的施設（Permanent Establishment、以下PE）に当たるような、事業活動の拠点から所得が生み出された場合には、PEの所在する国が課税できる旨を規定しています。そのため上記の例では、支店はまさに事業活動の拠点といえるため、条約上、PEに該当し、そこから得られた所得はPEの所在地である米国が課税できることになります。

　その上で租税条約では、二重課税の排除を、この場合は日本において行うこととしています。単純化して説明すると、日本は全体所得200万円に対する日本の法人税から、支店の所得100万円に対する米国の法人税を差し引くことになります（外国税額控除）。

図表3◆支店所得

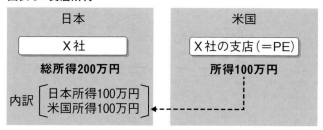

　このように、外国税額控除の制度があるため、一見すると支店所得に係る二重課税は排除され、何ら問題がないように思われるかもしれません。しかし、外国税額控除には一定の限度があるため、常に機能するとは限りません。このため企業としては、二重課税を排除する観点から、海外に進出する際には、自社の活動拠点が他国で思わぬかたちでPEと認定されないよう、極力注意を払うことになります。

　もちろん今回の例のように、支店を開設する場合には、どの租税条約でも明らかにPEを構成するとされているため争いは生じません。しかし、例えば他国に自社の代理人を置いている場合、また、他国で建設プロジェクトに従事しており、建設工事現場が一定期間存在する場合、あるいは他国に駐在員事務所を置いて、営業活動は行わないものの情報収集活動を行っている場合等、条約の規定との関係でPEに該当するか否か、事実認定においてグレーな部分もあります。

　一方、進出先の国としては、いったん外国企業のPEが自国にあると認定できれば、法人税を課税することができるので、できるだけPEの範囲を広く解釈しようという誘引が働きます。このことがPEに係る課税問題が難しくなっている原因とされています。

コラム2 外国税額控除制度

　外国税額控除制度は外国で納付した外国法人税を一定の限度内で日本で納付すべき法人税から控除する制度です。

　例えば日本の本店所得100、X国の支店所得300だったと仮定します。日本は法人税率23.4％、X国の法人税率は30％だとします。

　日本の法人税は、外国税額控除がなければ(100+300)×23.4％＝93.6となります。一方、X国の法人税は、300×30％＝90です。

　では、X国の法人税90は日本の法人税93.6から全額控除できるでしょうか。外国税額控除には限度額があります。その計算式は次のとおりです。

$$外国税額控除限度額 = 法人税額 \times \frac{国外所得}{全世界所得}$$

これを上記の例に当てはめると以下のとおりとなります。

$$外国税額控除限度額 = 93.6 \times \frac{300}{400} = 70.2$$

　この結果、外国税額控除限度額70.2＜X国の法人税額90であることから、実際の外国税額控除額は90ではなく70.2となります。では、差額の19.8はどうなるのかというと、次の順序として、地方法人税（国税）や法人住民税（地方税）という別の税目から差し引けるのですが、仮にそれでも控除しきれない場合は翌事業年度に繰り越すことになります。繰越は3年間しか認められていません。

　このように、外国税額控除は、必ずしもその全額を控除できるわけではないため、二重課税排除の手法として万能というわけではありません。

　なお、外国税額控除限度額は、次のようにも組み替えることができます。

$$外国税額控除限度額 = 国外所得 \times \frac{法人税額}{全世界所得}$$

　ここで、法人税額／全世界所得とは法人税率に他なりません。従って、国外所得については、日本の法人税率の範囲内でのみ控除できるということを意味しています。すなわち、X国の法人税率が30％であっても、実際に控除できるのは国外所得の30％ではなく、23.4％分ということです。

Q9.
具体例1～3をまとめると、どういうことになりますか

> **Point**
> 企業の国際活動には必ず二重課税の発生リスクが伴うということです。これを軽減するため、各国は租税条約を締結していますが、企業としても、日々のビジネスにおいて二重課税が生じないように注意しています。

　Q6～Q8の3つの具体例でみてきたように、各国（少なくとも日本）は、純粋に自国で生み出された所得に課税するのみならず、自国にある企業が他国の企業との取引から得た所得及び他国で得た所得に対しても法人税を課すことができます。具体例1では譲渡所得、具体例2では利子所得、具体例3では支店所得が該当します。

　一方、その所得の金額に対しては、海外の課税当局が疑義を呈したり、課税することがあります。そのためクロス・ボーダーの経済取引には、必ず二重課税の発生リスクがつきまといます。

　そこで、各国は租税条約を締結し、二重課税の排除や軽減を図っています。企業としても、事業ニーズに合わせて国際ビジネスを展開する際には、個別の租税条約の内容やOECD移転価格ガイドライン、関係国の国内法を確認するなどして、二重課税が生じないかなどを検討しています。

　一方、こうした既存の制度の抜け穴を利用した節税策も出てきました。これがBEPSということになります。第3章ではその内容についてみていきます。

第3章 BEPSの実態

Q10.
なぜBEPSというものが生じるのですか

Point

税金は回避すべきコストに他ならないと考える企業が存在するなかで、現状、各国の税制が大きく異なっており、租税条約等の内容も一部、ビジネスの実態を反映できていないなど、節税がしやすい状況が生じているからです。

　企業は利益を追求する主体です。そのため一般的にコストの増加には敏感です。これは日本の企業も例外ではありません。税引後当期純利益の水準が経営指標として重視されるなかで、税負担はコストとして捉えられる面があり、経団連としても競争力の強化、国際的なイコール・フッティングの実現の観点からその適正化を毎年の税制改正で求めています。

　しかし、日本においては、決められた制度における納税自体は企業の社会的責任の一環であるとの考えが根強く、積極的にクロス・ボーダーの経済取引を利用した過剰な節税策（タックス・プランニング）を実施している企業は多くないと考えられます。一方、諸外国においては、税金はまさに回避すべきコストに他ならないとして、過剰な節税策を進んで実施している企業もあるようです。

　このような節税策が可能となるのは、まず各国の定める租税の体系・内容が大きく異なるからです。租税は主権の最たるものといわれますが、税率のみならず、課税所得の捉え方や計算方法等、制度の詳細においても各国でまちまちです。そのため、その違いを組み合わせることで課税の隙間を突いたり抜け穴をつくり出して、場合によってはどちらの国でも課税されない状況を創出することができます。この状況は"double taxation（二重課税）"ではなく、"double non-taxation（二重非課税）"あるいは"stateless income（無国籍所得）"の問題として、国際社会で大きな課題となっています。しかし、

欧米のビジネススクールでは、いまだにこうしたタックス・プランニングの技を磨く講座があるようです。

　また、各国の産業政策との関係もあります。各国は海外の企業を自国に誘致することで、税収を増やし、雇用を生み出そうとしています。その結果、国家間においても、様々な優遇税制を設けるなどの競争が発生しています。

　さらに、租税条約やOECD移転価格ガイドラインといった既存の国際課税のルールが、複雑化・高度化するビジネスの最新の実態を反映しきれていないため、課税漏れや制度の濫用が生じているということが指摘されています。

　こうした状況において、グローバルに活動する企業のなかには、節税策を駆使して、実際に経済活動や価値創造が行われている場所での課税を免れる企業が出てきました。一方、こうした節税策を利用しない企業は、税負担を減らすことができず、逆に国際競争力を失うばかりか、株主から資本効率の低さを指弾されているかもしれません。

Q11.
Q6の具体例1（資産譲渡）に関連していうと、どのような事態が生じているのですか

> **Point**
> 関連者間で知的財産権などの無形資産の譲渡が行われた場合、その価格設定が困難となっています。

　Q6の具体例1は、X社が日本において中古車を仕入れ、米国にあるY社に売り、Y社が米国においてその車を消費者に売ったという事案でした。この場合において、仮にY社がX社の100％子会社だったとすると、X社とY社との取引価格（移転価格）が恣意的なものとなるおそれがあるため、日米租税条約やOECD移転価格ガイドライン、関係する国内法では、資本関係のある関連会社間の取引については、独立企業間の価格で算定する旨説明したところです。このような取扱いは、他国との租税条約においても定められています。

　しかし、同じような状況にある独立企業間の価格や利益を見つけにくい（比較対象の見つけにくい）知的財産権などの無形資産の譲渡の場面では、各国によって移転価格の評価が異なるなどの問題が生じやすく、課税の取扱いが不安定になっています。

　例えば図表4のとおり、日本にX社という会社があり、アイルランド（法人税率12.5％）においてA社という100％子会社があったとします。X社は、知的財産権をA社に80万円で譲渡しました。そしてX社は、「本件取引は知的財産権の譲渡であるが、それを元にした商品化が成功するかどうかは分からない。弊社の計算によれば、譲渡価格は80万円が適当である」と主張したとします。しかしその後、商品が爆発的なヒットを記録し、A社は多額の所得を計上したとします。この場合、アイルランドは低税率国のため、日本にあるX社で所得を計上するよりもアイルランドにあるA社で所得を計上した方が、グループ全体として法人税を低くすることができ、節税に成功したと

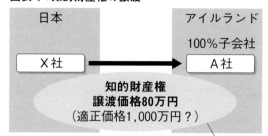

図表4◆知的財産権の譲渡

いえます。

　困るのは日本の課税当局です。「実はX社は将来、商品化が成功することを見越していたのではないか。それを知りながら譲渡価格を80万円と意図的に低めに設定したのではないか。知的財産権の本来の価値からいって、例えば譲渡価格は1,000万円が適当だったのではないか」と疑念を持つかもしれません。

　しかし、日本の課税当局が移転価格税制を実際に適用しようとすると、困難に直面することになります。なぜならば、その譲渡取引を独立企業間の取引に置き換えようとしてみても、比較の対象となる取引が見つからないからです。知的財産権は比較対象がないからこそ知的財産権たりえます。このような場合にどのように適正な課税を行うのかということが、BEPS対策の議論のなかで大きな課題となりました。

　結論を先取りすると、この議論は最終的には「一定の条件の場合、知的財産権の譲渡価格を事後の結果から引き直す」という新たな課税手法の開発につながります。この他にもOECDでは、単に知的財産権などの無形資産の法的所有権がA社に移ったからといって、その無形資産の開発・改善・維持・保護・使用に関する役割をA社が果たしていなければ、あるいはその知的財産権を使用したビジネスに関する様々な事業リスクをA社が支配していなければ、A社は不相応な所得は計上できず、実質的に開発等の機能を担い、リ

スクを支配しているＸ社の所得として計上し直すというルールも定めました（詳細は第2編第1章第5節参照）。

また、仮にＡ社が実体のないペーパー・カンパニーの場合には、Ａ社の所得を、親会社であるＸ社の所得とみなして合算するという外国子会社合算税制（CFC税制）も各国でしっかりと整備しようということになりました（詳細は第2編第1章第4節参照）。

Q12.
Q7の具体例2（利子所得）に関連していうと、どのような事態が生じているのですか

Point

関係のない第三国の企業が、利子に対する源泉税の減免という租税条約の特典を得る事態が生じています。

　Q7の具体例2は、日本にあるX社が、米国にあるY社に対し利率1％の条件で1,000万円を貸し付け、Y社から10万円の利子の支払が行われた事案で、日米租税条約によって支払利子に対する米国での税率に制限が掛かることを取り上げました。これはいわば、租税条約があることによる「特典」ともいえるものです。しかし、関係のない第三国の企業が、日米租税条約を悪用しようと試みるかもしれません。

　例えば、図表5のとおり、第三国の企業C社が日本に子会社A社をつくり、A社が米国のB社に貸付けを行い、その利子について日米租税条約による税率の制限（10％）という特典を得るということが考えられます。

　第三国は米国と租税条約を結んでいないため、C社からB社に直接貸し付

図表5 ◆条約漁り

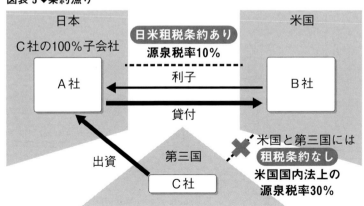

けると、その利払いについて米国で30％の税率で課税されるため、取引を迂回させることで節税を図ろうというものです。このような行為を「条約漁り（treaty shopping）」といいます。

　しかし、租税条約は当然、このような取引に利用されることを意図しているわけではありません。「条約漁り」をどのように防ぐのかということがBEPSプロジェクトのなかで議論されました。なお、日米租税条約ではすでに濫用防止規定を導入済みです。BEPS最終報告書では、すべての条約に濫用防止規定（特典資格条項）を導入することが勧告されました（詳細は第2編第2章第1節参照）。

　また、グループ企業間での利子の過大な支払自体も問題ではないかという点も論点になりました。その量が過大である場合には、損金算入を一定程度制限することも議論されました（詳細は第2編第1章第7節参照）。

Q13.
Q8の具体例3（支店所得）に関連していうと、どのような事態が生じているのですか

> **Point**
> PE（恒久的施設）に該当することを人為的に回避する事例が生じていました。
> また、グローバルなオンライン通販会社の倉庫等は本来はPE認定されるべきでしたが、これまでの租税条約の規定では認定できない状況が生じていました。

　Q8の具体例3は、日本にあるX社が、米国で支店を置き、日本の本店で100万円、支店で100万円の所得を得て、合計200万円の所得を計上した事案で、支店が恒久的施設（PE）に該当するとされました。企業の海外における支店がPEに該当することは疑いの余地がありません。しかし、建設工事現場はどうでしょうか。OECDモデル租税条約では、12ヵ月を超える海外の建設工事現場はPEになると規定されていますが、一部の企業が契約期間を短く分割したり、関連企業を利用したりして、この12ヵ月ルールを免れる事態が発生していました。

　また、事業を行う場所といっても、製品の引き渡しのための倉庫は、OECDモデル租税条約上、これまでは準備的・補助的な活動を行う場にすぎないということで、自動的にPEとはされていませんでした。しかし、グローバルなオンライン通販会社が保有する製品の引き渡しのための倉庫はビジネスの中核的な拠点といっても過言ではありません。このような倉庫を「準備的・補助的」と判定し続け、PE認定しないままでよいのかという課題が生じていました。米国の大手オンライン通販会社の倉庫への課税問題がメディアを賑わせたのは、このような背景によるものです。

Q14.
実際に問題になったBEPSの事例について説明してください(1)

Point

過大な費用の計上によって英国法人の利益を圧縮するスキームにより、BEPSを生じさせた事例があります。

政府税制調査会の資料のなかで典型例として挙げられている事例ですが、世界的なコーヒーチェーンであるS社は、図表6のとおり、英国法人で売上（収益）を計上する一方、①海外関連法人から貸付けを受けて、それに対して過大な利子の支払を行って費用を計上する、②低い税率の適用を受けるオランダにある関連法人から商標等のライセンスの供与を受けて、それに対し

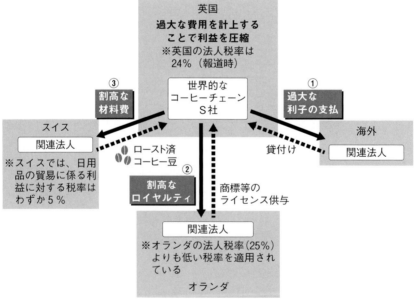

図表6 ◆世界的なコーヒーチェーンS社のスキーム

注：財務省資料を基に作成

て割高なロイヤルティを支払って費用を計上する、さらに③日用品の貿易に掛かる税率の低いスイスにある関連法人からロースト済コーヒー豆を仕入れ、割高な材料費を支払って費用を計上するなどの様々な手法を用いて過大な経費を計上して英国法人の利益を圧縮しました。

S社の英国法人において計上すべき利益が、低い税率が適用されるオランダやスイス等の関連法人に費用という名目で移転している点で、実際に経済活動が行われている英国での課税を免れているといえます。

Q15.
実際に問題になったBEPSの事例について説明してください(2)

Point

2つのアイルランド法人と1つのオランダ法人を利用した「ダブル・アイリッシュ・ダッチ・サンドウィッチ」という複合的な節税策があります。

　世界的なIT企業である米国法人A社は、図表7のとおり、法人税率の低いアイルランドに子会社（以下、子会社1）を設立し、子会社1がA社と契約を締結し、A社で開発した知的財産権を共有することとしました。さらにA社は、アイルランドにもう1つ子会社（以下、子会社2）を設立し、子会社2に子会社1の知的財産権のライセンスを付与するのですが、そのライセンス契約は別途設立してあるオランダ法人を経由するものとして、これに対応するかたちでライセンス料の収受の流れをつくり出します。この取引の流れをみると、オランダ法人を2つのアイルランド法人で挟んでいるようにみ

図表7 ◆ ダブル・アイリッシュ・ダッチ・サンドウィッチ

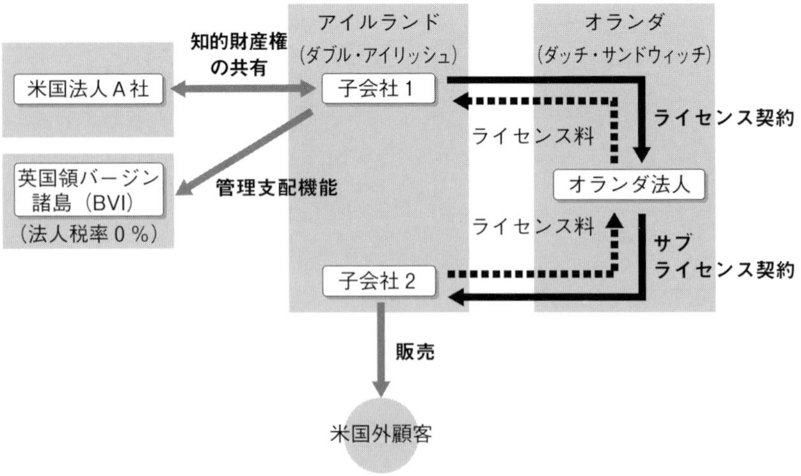

えるため、ダブル・アイリッシュ・ダッチ・サンドウィッチと呼ばれています。

子会社2は米国外の顧客との間で実体のあるビジネスを行い、収益を計上しますが、オランダ法人へのライセンス料の支払があるため、残余の利益は多くありません。加えてアイルランドの法人税率は12.5％と非常に低い水準です。

一方、アイルランドとオランダとの間の租税条約によって、両国間のライセンス料の支払には源泉税が徴収されないことになります。さらに、ライセンス料が最終的に行き着く子会社1は、アイルランドで設立された法人ですが、管理機能を英国領バージン諸島（法人税率0％）に置くことで、アイルランドにおける法人課税を免れます。

節税策の詳細は割愛しますが、一歩下がってみると、仮にA社が米国外のビジネスをアイルランドで行おうとするならば、実体のある事業を行う子会社2を設立すれば足りるように見受けられます。英国領バージン諸島に管理機能を置く事業実体のない子会社1をわざわざ設立する理由も、関係のないオランダ法人を取引に関与させる理由も、純粋なビジネス上の観点からは見当たりません。節税を目的としているからこそ、このように不自然なスキームになっているということです。

この事例は、①アイルランドの国内法においては本店所在地ではなく実質的な管理機能がある場所を基準に法人課税の有無を判断していること、②租税条約の特典を利用していること（ライセンス料への課税の制限）、③米国におけるCFC税制の適用を回避するための操作を行っている（**Q31**参照）ことなど、節税策のデパートともいえる事例です。

第4章ではこのようなBEPS問題への対応についてみていきます。

第4章 BEPSへの対応

Q16.
BEPSに対して、国際社会はどのように対応してきたのですか

> **Point**
> OECD/G20の枠組みによりBEPSプロジェクトが推進されてきました。

BEPSの問題はリーマンショックを契機に、特に欧州において顕在化しました。近年、欧州各国がリーマンショック後に財政状況を悪化させ、日本の消費税に相当する付加価値税を引き上げるなど、より多くの国民負担を求めているなかで、グローバルな活動を展開している一部の企業が、過剰な節税策によって税負担を不当に軽減していることが社会的に問題視されました。

このような欧州の状況は、日本にいるとあまり実感が湧かないのですが、背景として理解しておく必要があります。

図表8 ◆BEPS年表

背景	米国等の一部多国籍企業によるアグレッシブなタックス・プランニング
2012年6月	OECD租税委員会（議長：浅川財務省財務官）がBEPSプロジェクト立ち上げ
2013年7月	BEPS行動計画公表 以降、OECD/G20のプロジェクトとして、OECD非加盟のG20メンバー8ヵ国も対等の立場で議論に参加 8ヵ国：中国、インド、ロシア、アルゼンチン、ブラジル、インドネシア、サウジアラビア、南アフリカ
2014年9月	中間報告
2015年10月	BEPS最終報告書 10月8日のG20財務大臣会合（ペルー・リマ）で報告 11月15～16日のG20サミット（トルコ・アンタルヤ）で報告、首脳宣言で支持（endorse）

例えば、**Q14**で取り上げた世界的なコーヒーチェーンであるＳ社の事例では、節税スキームが明るみに出ると、Ｓ社の製品に対する不買運動が生じるなど、大きな社会問題となりました。この結果Ｓ社は、法人税に相当するとされる金額（法人税ではありません）を「自主的に」英国課税当局に納めるという事態に陥ってしまいました。

　経団連が2014年5月、ロンドンでCBI（英国産業連盟）の税務担当者と意見交換した時のことです。BEPSに対する世間の見方が話題になり、CBIから「企業の節税に対するメディアによる"name & shame（名指しせよ、恥を与えよ）"は今も続いている。欧州においてBEPSは現在進行形の、まさに目の前の課題である」との説明がありました。

　その後も、ルクセンブルクの課税当局が多くの多国籍企業と不透明なルーリング（ある取引の税務上の取扱いについて、企業と当局で取決めを行うこと）を行っていたことが明らかになり、WikiLeaksをもじったLux Leaksと呼ばれる一大事件につながるなど、欧州を震源地とする話題が絶えません。

　このような問題に対応するため、OECDの租税委員会（議長＝浅川雅嗣財務省財務官）は、2012年6月に「税源浸食と利益移転」（BEPS）に有効に対処するためのプロジェクト（BEPSプロジェクト）を立ち上げました。

　G20からの要請も受け、2013年7月には15の行動計画からなる「BEPS行動計画」が公表されました。その後、BEPSプロジェクトでは、日本をはじめとするOECD／G20諸国が参加し、多国間の枠組みで精力的に検討が進められました。

　OECDは、2014年9月にはBEPSプロジェクトの中間報告を公表し、2015年10月にはBEPS最終報告書を公表しました。BEPS最終報告書は、同年11月に開催されたG20アンタルヤ・サミットにおいて、日本をはじめとするG20諸国から全面的な支持を得ました。

　これまで国際課税の世界では、先進国はOECDで、開発途上国は国連で議論するという傾向がみられました。事実、OECDモデル租税条約やOECD移転価格ガイドラインの他に「国連モデル租税条約」と「国連移転価格マニュ

アル」があり、いずれも開発途上国の利害を重視した内容となっています。先進国間での条約であればOECDのモデルを参照すれば十分ですが、開発途上国との租税条約や移転価格税制の執行においては、別途、国連のモデル／マニュアルを参照せざるを得ません。その意味で、**Q4**でも説明したように、今回、OECD／G20の枠組みで、先進国と開発途上国が同じ土俵で議論を行ったのは画期的だったと思われます。

　ただ、先進国側のルールを一方的に押し付けられるだけならば、開発途上国はBEPSプロジェクトに参加しません。当然、BEPS問題に対処するなかで、自国の課税権を維持・拡大できると考えたからこそ、検討に加わったのだと思われます。呉越同舟とはいわないまでも、様々な思惑が交錯したのがBEPSプロジェクトだったと思われます。

Q17.
BEPS行動計画とは何ですか

Point

全部で15の行動計画からなり、課税手法について検討したもの、情報収集や手続について検討したもの、紛争解決について検討したものがあります。

　15の行動計画のうち、課税手法について検討したものが行動1～10です。順番にみていくと、電子経済への対応（行動1）は電子商取引の普及等、近年の経済のデジタル化と国際課税との関係について、制度横断的に総論として点検しようというものです。

　ハイブリッド・ミスマッチ取決めの無効化（行動2）、効率的なCFC税制の設計（行動3）、利子控除制限（行動4）、有害税制への対抗（パテント・

図表9◆BEPS行動計画

課税手法	
行動1	電子経済への対応
行動2	ハイブリッド・ミスマッチ取決めの無効化
行動3	効率的なCFC税制の設計
行動4	利子控除制限
行動5	有害税制への対抗（パテント・ボックス）
行動6	条約の濫用防止
行動7	PE認定の人為的回避の防止
行動8～10	移転価格と価値創造の一致

情報収集や手続	
行動5	有害税制への対抗（ルーリングの自発的情報交換）
行動11	BEPSの測定・モニタリング
行動12	義務的開示制度
行動13	移転価格文書化
行動15	多国間協定の開発

紛争解決	
行動14	紛争解決メカニズムの効率化

ボックス）（行動5）は各国の国内法に関係するもので、制度の一貫性・調和を目指すものです。

　条約の濫用防止（行動6）、PE認定の人為的回避の防止（行動7）、無形資産取引に係る移転価格ルール（行動8）、リスクと資本に係る移転価格ルール（行動9）、他の租税回避の可能性の高い取引に係る移転価格ルール（行動10）については、OECDモデル租税条約や移転価格ガイドラインといった国際的ルールの改訂を目指すものです。なお、行動8～10は「移転価格と価値創造の一致」としてまとめて整理されることもあります。

　また、情報収集や手続について検討したものとして、有害税制への対抗（ルーリングの自発的情報交換）（行動5）、BEPSの測定・モニタリング（行動11）、義務的開示制度（行動12）、移転価格文書化（行動13）があり、やや性質は異なりますが、BEPS最終報告書のうち条約関係の勧告内容を実施するための手続として、多国間協定の開発（行動15）があります。

　最後に、二重課税が生じた場合の紛争解決について検討したものとして、紛争解決メカニズムの効率化（行動14）があります。

Q18.
経団連及び21世紀政策研究所はどのような役割を果たしたのですか

> **Point**
> BEPS最終報告書に日本企業の意見を反映させるべく、OECDへの意見提出、公聴会への参加、国際会議の開催等を行ってきました。

　BEPSプロジェクトの過程では経済界の意見を聞く機会が多く設けられました。議論の流れとしては、まず、OECDの租税委員会に設けられた作業グループが各行動計画について基礎的な検討を行います。その際、事務局を務めるのがOECDの租税政策・税務行政センターです。

　作業グループで論点が抽出されると、OECDは公開討議草案を公表します。これに対し、関心のある企業・団体・個人は意見を提出することができます。その後、パリで開催されるOECDの公聴会に参加すれば、直接、意見陳述を行うこともできます。これらにより得られたインプットを踏まえ、OECDはさらに議論を行います。行動計画によっては、改訂公開討議草案が公表されることもありました。

　経団連はBEPSプロジェクトにおいて日本企業の意見を反映すべく、21世紀政策研究所（21研）と連携し、国内の意見集約に努めました。具体的な検討の場となったのは21研の国際租税研究会です。座長である早稲田大学大学院教授の青山慶二先生のリーダーシップのもと、企業、税理士法人、大学教授等をメンバーに、精力的に議論を行いました。研究会での議論はその後、経団連の税制委員会企画部会に引き継がれます。経団連はOECDの公表した公開討議草案に対し、これまで計15本の意見を提出しました。また、意見提出の際には、OECDの諮問機関であるBIAC（Business and Industry Advisory Committee to the OECD：OECD経済産業諮問委員会）の税制・財政委員会とも連携を図っています。

　これに加え、経団連はOECDの公聴会にも参加しています（2014年5月、

2015年3月)。いずれの公聴会も日本企業にとって関心の高い移転価格税制を扱ったものです。また、2015年2月にはOECD租税政策・税務行政センターのパスカル・サンタマン局長を経団連会館に招き、国際課税に関する大規模会議を開催しました。

　経団連が検討の際、特に注意を払ったのは、BEPSの防止という目的と、それを達成するための手段が、バランスのとれたものとなっているかどうか、ということでした。多くの場合、公開討議草案の内容は、通常の事業活動を阻害するおそれがあったため、過剰な対策の是正を求める意見を提出しました。

　これらの結果、BEPS最終報告書では、行動13（移転価格文書化）、行動7（PE認定の人為的回避の防止）、行動4（利子控除制限）等において、日本の経済界の意見が反映されました。

Q19.
BIAC税制・財政委員会とは何ですか

> **Point**
> BIACの政策委員会の1つで、税制に関するOECD加盟国の経済団体の意見を取りまとめています。

　OECDが検討の過程で公表する公開討議草案には、世界中からコメントが寄せられます。コメントは1つの草案に対してだけでも合計数百頁以上となり、OECDのホームページからコメント集をダウンロードするだけでも一苦労です。こうしたなか、事務局であるOECD租税政策・税務行政センターとしてはすべてのコメントに目を通すことになるわけですが、やはり公式な諮問機関であるBIACの意見に注意を払うことになります。

　そこで経団連としては、独自にOECDに意見提出を行うのみならず、BIACの加盟団体の一員として、BIACの政策委員会の1つである税制・財政委員会が取りまとめる意見に日本の経済界の意見を反映させるよう努めました。委員長はGeneral Electric（GE）の国際税務担当シニア・ディレクターであるウィリアム・モリス氏（英国人）ですが、日本からも岡田至康PwC顧問が副委員長として参加しています。岡田顧問には、21研の国際租税研究会でアドバイザーとしてもご活躍いただいています。

　なお、BIAC税制・財政委員会のビューロー（幹部会）は次の企業等で構成されています（2016年3月31日現在）。

委員長	GE（モリス氏）
委員長代行	ロイヤル・ダッチ・シェル
副委員長	スウェーデン企業連盟 米国国際ビジネス評議会 シーメンス PwC（岡田顧問） ゴールドマン・サックス マイクロソフト コカ・コーラ スイス・ホールディングス
拡大幹部	EY（Ernst & Young LLP） パール・コーエン GE イタリア産業連盟

　BIACにおける検討の過程では、「BEPSプロジェクトによって一部企業による行き過ぎた節税策に歯止めが掛かることは競争条件の均衡化の観点から歓迎だが、通常の納税者に対する副作用があってはならない」という点で加盟経済団体の意見が一致しました。もちろん、個別の論点では意見が必ずしも同じではない場面もありましたが、意見案が１次ドラフト、２次ドラフト、最終ドラフトと進むなかで、自然と合理的な範囲に収斂していったと思います。経団連としては、明らかに日本企業にとって影響がある部分については、具体的な提案を添えてドラフトの改善・修正を求めました。

　こうした作業を行うなかで、米国や英国のみならず、フランスやドイツ等の産業団体も含め、協力ネットワークが広がりました。

Q20.
OECDの公聴会とはどのようなものですか

Point

OECDの公開討議草案に対し、企業・団体・個人が直接、意見陳述を行う場です。アジア系の参加者がほとんどいない、という点が非常に印象的でした。

公聴会はOECDの公開討議草案に対し、企業・団体・個人が直接、意見陳述を行う場です。OECDの本部がパリにあるという地理的な要因、OECDのアジア加盟国が日本と韓国だけという要因もありますが、とにかく会場では米国、欧州の勢力が圧倒的だったと記憶しています。

こうしたなかでも、経団連としては議論に積極的に参加しました。一方、G20からは中国政府の代表が参加しており、時に演説調の発言で会議室の空間を支配するなど、緊張感の溢れる場面もありました。

いずれにせよ、**Q16**でも触れたとおり、BEPSの問題は欧州が震源地という背景があります。したがって、どうしても議論の文脈に地理的な偏りが生じます。一方で、勧告の影響はアジアを含め世界各国に及びます。日本経済界からの意見発信の重要性を痛感したところです。

なお、このことが**Q18**で紹介したOECDのサンタマン租税政策・税務行政センター局長との会合につながります。日本の、そしてアジアの観点からOECDに意見をインプットしたい日本の経済界と、アジアの文脈も含め、幅広くBEPS対策を検討したいOECD側の考え方とが一致したということです。

今後も各国における実施状況のモニタリング等、OECDでの課題が残っています。経団連・21研としては、今後もOECDとの会議を定期的に開催することとしています。

第5章では、BEPS最終報告書の概要と今後の展望についてみていきます。

第5章　BEPS最終報告書

Q21.
BEPS最終報告書の勧告内容はどのように分類できますか

Point
勧告の性質によって、4つのカテゴリーに分類できます。

　BEPS最終報告書は13本のレポートからなり、合計千数百頁に達します。15の行動計画と数があわないのは、行動8～10についてはまとめて1本の報告書に統合されたからです。

　その内容は、性質によって4つのカテゴリーに分類できます。1つ目は「ミニマム・スタンダード」と呼ばれるもので、すべてのOECD／G20加盟国が一貫した実施を約束（commit）するものです。拘束力は強く、行動5（有害税制への対抗）、行動6（条約の濫用防止）、行動13（移転価格文書化）のうち国別報告事項、行動14（紛争解決メカニズムの効率化）が該当します。国別報告事項については第2編第1章第3節で詳しくみていきます。

　2つ目は「既存のスタンダードの改正」です。OECDモデル租税条約やOECD移転価格ガイドラインの改訂を伴うものですが、BEPS最終報告書の説明文では「全てのBEPSプロジェクト参加国がその基礎となる租税条約や移転価格税制のスタンダードを承認しているわけではないことに留意する」とされています。すなわち、開発途上国等が独自色を発揮する可能性のある分野で、拘束力はミニマム・スタンダードに比べ劣ると考えられます。行動7（PE認定の人為的回避の防止）と行動8～10（移転価格と価値創造の一致）が該当します。

　3つ目は「共通アプローチ」と呼ばれる国内法に関するもので、各国の慣行の統一を促進するものです。行動2（ハイブリッド・ミスマッチ取決めの無効化）と行動4（利子控除制限）が該当します。

4つ目が「ベスト・プラクティス」です。これは、新しく国内法を導入するなど、問題に対応しようとする国を支援するものです。行動3（効率的なCFC税制の設計）と行動12（義務的開示制度）が該当します。

　なお、行動11（BEPSの測定・モニタリング）については純粋なレポートであり、特段の勧告はなされていませんので、上記の分類には当てはまりません。また、行動15（多国間協定の開発）も、BEPS最終報告書のうち租税条約の改訂に関する勧告についての実施手続を定めたものですので、同様に当てはまりません。行動1（電子経済への対応）については、消費税に関する勧告は行われましたが、法人税に関する勧告がないため、特に分類されていない状況です。

Q22.
BEPS最終報告書を受けた今後のOECDの課題は何ですか

> **Point**
> ①勧告内容の一貫性のある実施及びモニタリング、②残された課題への対応の2点です。

　BEPS最終報告書が公表されたものの、その内容を各国が遵守しなければ意味がありません。特に「ミニマム・スタンダード」に分類された勧告の実施は非常に重要です。また、OECD／G20諸国以外にも、世界には多数の国・地域が存在します。このようなことを念頭に、OECDは、BEPS最終報告書の実施を支援しモニターするための包摂的枠組み（inclusive framework）を2016年2月に提案しており、G20財務大臣もその取り組みを支持しています。「枠組み」の第1回会合は2016年6月に京都で行われる予定です。

　一方、BEPS最終報告書の段階では詰めきれず、継続検討とされた課題もあります。第2編で詳しくみていきますが、移転価格税制における所得相応性基準の実施ガイダンス、取引単位利益分割法に関するガイダンス、PE帰属利得に関するガイダンス等、残された課題（remaining issue）と呼ばれるものであり、作業は2016年から2017年まで続きます。

　その上で、2020年には、勧告の実施状況全般について、大規模なレビューが行われる見込みです。

Q23.
日本における国内法制化の展望はどうなっていますか

Point
今後、行動3（効率的なCFC税制の設計）、行動4（利子控除制限）、行動8～10（移転価格と価値創造の一致）等で国内法制化の議論がなされる見込みです。

　日本ではBEPS最終報告書を先取りするかたちで、平成27年度税制改正において、「電子経済への対応」（行動1）に関連する措置を講じています。具体的には、国外の事業者が国内の消費者・事業者に対し国境を越えて行う電子書籍・音楽・広告の配信等の電子商取引に消費税を課税するもので、2015年10月から施行されています（詳細は第2編第1章第1節参照）。

　また、日本には、一定の外国子会社から受ける配当を親会社の益金に算入しない「外国子会社配当益金不算入制度」がありますが、「ハイブリッド・ミスマッチ取決めの無効化」（行動2）との関係で、支払国において損金算入される配当についてはこの制度の対象から外して、益金に算入することとされました（詳細は第2編第1章第2節参照）。

　さらに、直近の平成28年度税制改正では、「移転価格文書化」（行動13）の法制化が行われています。

　今後については、2016年夏頃に取りまとめが予定されている政府税制調査会の中期答申で、平成29年度税制改正以降で法制化が検討される事項が示されるかもしれません。その場合、行動3（効率的なCFC税制の設計）、行動4（利子控除制限）、行動8～10（移転価格と価値創造の一致）等が検討課題として含まれることでしょう。

Q24.
BEPS最終報告書はどのような順番で理解していけばよいですか

> **Point**
> 国内法の改正に係るものを時系列で理解した後で、租税条約の改訂に係るものをまとめて確認するという方法が考えられます。

　BEPS最終報告書を理解するアプローチは様々であり、正解はありません。当然、興味のある分野やビジネスに直結する分野から入るのも良いでしょう。例えば純粋にBEPSスキームについて知りたい場合は行動2（ハイブリッド・ミスマッチ取決めの無効化）がお勧めです。事例集だけで280頁ぐらいあります。

　ここでは1つの方法として、BEPS最終報告書を国内法の改正に関するものと租税条約の改訂に関するものに分けて、まずは前者から理解していく方法を推奨します。

　理由は時間軸です。国内法については**Q23**でみたようにBEPS最終報告書が公表される前から一部で改正が始まっており、2016年春現在も進行中の課題です。さらに2016年の年末から2017年にかけて、改正の議論は山場を迎えるとみられます。それだけに、早めにBEPS最終報告書の内容を押さえておくことが必要です。

　一方、租税条約については、BEPS最終報告書は公表されたものの、2016年の末までOECDで議論が続きます。その後も、各国がスピーディーな対応を心がけるとはいえ、改訂が発効するまでそれなりの時間差が発生すると考えられます。

　そこで、本書でも、次編以降、国内法→条約の順番で説明することとします。そして、国内法については、日本における過去の改正を時系列でみていきます（第2編第1章第1節〜3節）。その上で、将来の改正については、その検討のタイミングが早いと思われる順番で説明していきます（第2編第

1章第4節～8節)。

　なお、BEPS最終報告書の内容面の重要性では、国内法の改正も租税条約の改訂も変わるところはありません。上記はあくまでも1つの考え方であることを念の為申し添えます。

第2編
企業へのインパクト

第1章　国内法改正関係
　　第1節　電子経済への対応（行動1）
　　第2節　ハイブリッド・ミスマッチ取決めの無効化（行動2）
　　第3節　移転価格文書化（行動13）
　　第4節　効率的なCFC税制の設計（行動3）
　　第5節　移転価格と価値創造の一致（行動8～10）
　　第6節　有害税制への対抗（行動5）
　　第7節　利子控除制限（行動4）
　　第8節　義務的開示制度（行動12）
第2章　租税条約関係
　　第1節　条約の濫用防止（行動6）
　　第2節　PE認定の人為的回避の防止（行動7）
　　第3節　紛争解決メカニズムの効率化（行動14）
　　第4節　多国間協定の開発（行動15）
第3章　まとめ（新しい国際課税の潮流）

第1章　国内法改正関係

第1節　電子経済への対応（行動1）

Q25.
OECDにおいて電子経済への対応が検討された背景は何ですか

> **Point**
> 多国籍企業が電子商取引等のビジネスモデルを使って世界中でビジネスを展開している一方、現行の国際課税制度はそうしたビジネスモデルに適応したものになっていないのではないかと考えられたためです。

　一般的に電子経済（デジタルエコノミー）とは、コンピューターによる情報通信技術の発展により生み出された新しい経済のことをいいます。そのビジネスモデルには、電子商取引、クラウドサービス、オンライン支払サービス等があり、物理的拠点（PE）を持たなくても取引ができるという特徴があります。

　現状、多国籍企業はこれらのビジネスモデルを使ったグローバルなバリューチェーンを構築し、世界中でビジネスを展開しています。しかし、現行の国際課税制度は物理的拠点（PE）の有無により事業所得に対する法人税（直接税）の課税の有無を判断しているため、電子経済におけるビジネスモデルに適応したものになっていないのではないかということで、電子経済への対応（行動1）が提起されました。

　OECDでは、電子経済から生じる法人税に関する課税上の主な課題として、必ずしも物理的拠点（PE）を必要としない新たな環境のなかでの現行のPEの定義の適切性や、デジタルサービスを通じて得られたデータから創出される価値についてどう考えるのかなどが挙げられました。その上で対策として、①PE例外規定の見直し、②企業が収集したデータの価値に着目し

た課税、③電子商取引の決済に着目した課税という3つの観点が示されました。

①については、行動7「PE認定の人為的回避の防止」におけるPE例外規定の見直しの議論を踏まえて対応することとしました。一方、②と③については、具体的な課税方式について3つのオプションが検討されました。1つ目は、「重要な経済的拠点（Significant Economic Presence）の概念に基づく新たなPEへの課税」であり、ある企業がその国に物理的拠点（PE）を保有していなくても、その国の経済と意図的かつ持続的なつながりを示す要素（ローカルドメイン名や収集されたデータ量等）があり、一定の売上額を計上していれば、その国に重要な経済的拠点を保有しているとして、その経済的拠点に帰属する所得に対し課税をするというものです。2つ目は、「電子商取引における源泉徴収」であり、国内消費者が国外事業者からオンラインで購入した物品またはサービスに関して、その対価の支払に際し源泉徴収で国外事業者に課税するというものです。そして3つ目は「平衡税の導入」であり、これは国内事業者には課税されているにもかかわらず、国外事業者には課税されないといった課税上の不公平を是正するために税を課すというものです。

また、消費税等の付加価値税（間接税）についても、物理的拠点（PE）を持たなくても取引ができる電子経済において、特に国外事業者が国内の個人消費者と行う電子商取引に関し、付加価値税を徴収する効果的な国際フレームワークがありませんでした。そのため同じ取引内容にもかかわらず国内事業者との取引には課税され、国外事業者との取引には課税されないという競争条件の不均衡が生じていたことから、この取引に対し付加価値税をどのように徴収していくかが、課税上の主な課題として議論されました。

Q26.
BEPS最終報告書はどのような内容になりましたか

> **Point**
> 法人税に関して、電子経済に固有のBEPSリスクは存在せず、他のBEPS最終報告書の勧告内容を実施することで、BEPSへの対応は十分可能であるとの結論に至りました。消費税については、「OECD 国境を越えた取引に係る消費税ガイドライン」の原則を適用することが勧告されました。

　BEPS最終報告書では、電子経済がもはや経済そのものになってきている現状において、電子経済を他の経済と切り離して考えるのは難しいこと、また、法人税に関して、電子経済やそのビジネスモデルに固有のBEPSリスクは存在せず、電子経済によってBEPSリスクが増幅される側面はあるものの、他のBEPS最終報告書の勧告内容を実施することで、BEPSへの対応は十分可能であるとの結論が出され、国際課税原則の大幅な見直しは現時点で不要とされました。

　特に、対策の１つとして挙がっていたPE例外規定の見直しについては、行動７「PE認定の人為的回避の防止」のなかで、企業の活動が実際に準備的・補助的活動である場合のみをPEの例外とするという勧告が行われたため（Q102、Q104参照）、その勧告内容を実施することでBEPSへの対応は可能とされました。

　また、議論の過程で検討された３つの課税オプション（重要な経済的拠点の概念に基づく新たなPEへの課税、電子商取引における源泉徴収、平衡税の導入）についても、他のBEPS最終報告書の勧告内容が電子経済におけるBEPSの課題に対して実質的な効果を持つと思われること、各オプションともその対象となる範囲や条件の設定が困難であること、現行の国際課税原則の大幅な変更が必要となるようなこれらオプションに対し多くのBEPSプロジェクト参加国から懸念の声が挙がったことから、現時点で勧告は行われませんでした。もっとも、各国が現行の租税条約を遵守するという条件付き

で、BEPSに対する追加防止措置として各国国内法において導入することができるとされています。

　今後も電子経済が発展し続けることを踏まえ、他のBEPS最終報告書で勧告された内容が電子経済に与える影響をモニタリングしながら、電子経済における課税上の課題に対する作業を継続していくことが重要であるとされました。2016年中に今後の作業の詳細を策定した上で、2020年までには電子経済に関するモニタリングの成果を反映した報告書を作成することになっています。

　一方、消費税等の付加価値税に関しては、2014年4月に東京で開催された第2回OECD消費税グローバルフォーラムでの議論を経て、2015年11月に公表された「OECD 国境を越えた取引に係る消費税ガイドライン」の原則を適用することが勧告されました。具体的には、課税地について、事業者間の取引（B to B取引）は「顧客が所在する国」、事業者と個人消費者間の取引（B to C取引）は「顧客が居住する国」の原則を適用するとともに、課税方式についてはB to B取引ではリバースチャージ方式（**Q28図表11参照**）、B to C取引では国外の事業者が事業者登録を行った上で徴収する方式（**Q28図表12参照**）の導入について検討することも勧告されています。

Q27.
日本の経済界の主張はどのように反映されているのですか

Point
法人税に関して、電子経済への対応として新たな課税の仕組みが勧告されることはなく、経団連の考えに概ね沿った内容となりました。

　電子経済への対応(行動1)に関して、経団連は、①電子経済と従来の経済活動を区分するのは困難であり、電子経済に対し、従来とは別の課税の仕組みをつくるべきではない、②他のBEPS行動計画の対策は電子経済における課税上の課題にも適用可能であり、他の行動計画と整合的な形で議論を取りまとめることが適切、③当面検討すべき課題は、法人税ではなく付加価値税であり、その際は企業への負担やコンプライアンス・コストを考慮して慎重な検討を行うべきと主張してきましたが、BEPS最終報告書は、経団連のこれらの考えに概ね沿った内容となりました。

　特に、検討された様々なオプションについては、有用性に疑問があり、企業に過大な負担を強いるおそれがあると主張しましたが、OECDの議論の過程でも問題点が指摘され、結果的にBEPS最終報告書では勧告が行われなかったことは一定の成果と考えられます。

第1節　電子経済への対応(行動1)

Q28.
消費税に関して、日本の税制改正の状況はどうなっていますか

Point

国境を越えた役務の提供に対する消費税の課税の見直しが行われ、2015年10月1日より施行されています。

　日本の消費税制度においては、「国内において」事業者が行った資産の譲渡等（役務の提供を含む）が課税対象となりますが、役務の提供が行われた場所が明らかでない取引（国境を越えた役務の提供）については、改正前は役務の提供を行う者の事務所等の所在地に基づいて、「国内において」行われたかどうかの判定（内外判定）を行うこととされていました。

　このため、役務の提供である電子書籍・音楽・広告の配信等の電子商取引について、国内事業者（図表10ではA社）によって行われた場合は消費税が課税される一方、国外事業者（図表10ではB社）によって国境を越えて行われた場合には国外取引として消費税の課税対象外となり、結果として、同じ役務提供にもかかわらず提供者の違いによって最終消費者の税負担に差異が生じ、国内・国外事業者における競争条件の不均衡が生じていました。そこで、平成27年度税制改正において、内外判定を変更して、国外事業者が国境を越えて日本国内に向けた役務の提供を行う電子書籍・音楽・広告の配信等の電子商取引に消費税を課すこととし、さらに事業者向けの電子商取引については、納税義務者の転換も行い、2015年10月1日から施行されています。

　具体的には、電子書籍・音楽・広告の配信等の電気通信回線を介して行われる役務の提供を「電気通信利用役務の提供」と位置付け、内外判定を役務の提供を行う者の所在地から、役務の提供を受ける者の所在地へと変更しました。この結果、国外から国内に向けた電気通信利用役務の提供が日本の消費税の課税対象となりました。ただし、電気通信利用役務の提供には、資産の譲渡に付随して行われる役務の提供や、単に通信回線を利用させる役務の

図表10◆国境を越えた役務の提供に対する消費税の課税見直し（平成27年度税制改正）

【改正前】

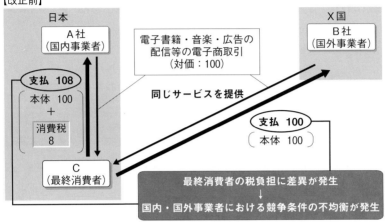

【改正後】

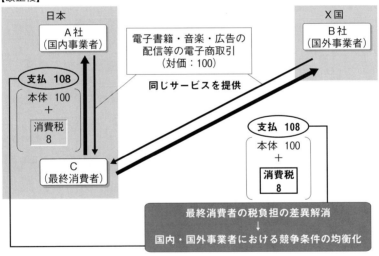

第1節　電子経済への対応（行動1）

提供は含まれません（例えば、国外の現地市場調査を現地の業者に依頼して行った結果についてインターネットを通じて送ってもらう行為等は電気通信利用役務の提供には含まれません）。

また、納税義務者については、その電気通信利用役務の提供に係る役務の性質または取引条件等から、提供を受ける者が通常事業者に限られるものを「事業者向け電気通信利用役務」の提供と位置付けた上で、通常、消費税の納税義務は役務を提供する事業者（図表11ではＢ社）にあるところ、その取引に係る消費税の納税義務は役務の提供を受ける事業者（図表11ではＣ社）に転換されます（"リバースチャージ方式"といいます）。役務の提供を受ける事業者（Ｃ社）は、この仕入れに係る消費税の仕入税額控除が可能です。

なお、事業者の事務負担に配慮する観点から、役務の提供を受ける事業者の総売上高（消費税の課税売上高＋非課税売上高＋免税売上高）における課税売上高（消費税の課税売上高＋免税売上高）の占める割合が95％以上である場合には、当分の間の措置として、リバースチャージ対象取引は申告対象から除外されます。例えば、図表11のＣ社の総売上高を100として、課税売上高が98だとすると、95％以上なので、申告対象から除外されます。

反対に、「事業者向け電気通信利用役務」の提供以外のものは「消費者向

図表11◆リバースチャージ方式
例：日本のＣ社が、Ｘ国のＢ社から、オンライン広告配信サービスの提供（対価：100）を受ける場合

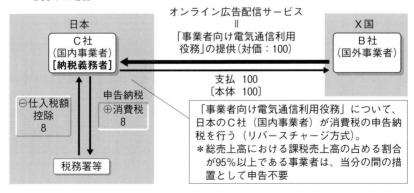

け電気通信利用役務」の提供と位置付けられ、役務を提供する国外事業者(図表12ではB社)が納税義務者となります(国外事業者申告納税方式)。なお、当分の間、国内事業者(図表12ではC社)が国外事業者(B社)から提供を受けた「消費者向け電気通信利用役務」については、国外事業者登録制度により登録を受けた国外事業者(登録国外事業者)から提供を受けた消費者向け電気通信利用役務についてのみ、その登録国外事業者の登録番号等が記載された請求書等の保存等を要件として、仕入税額控除制度の適用が認められています。

図表12◆国外事業者申告納税方式
例:日本の消費者(又は事業者)であるC(又はC社)が、X国のB社から電子書籍配信サービス(対価:100)を受ける場合

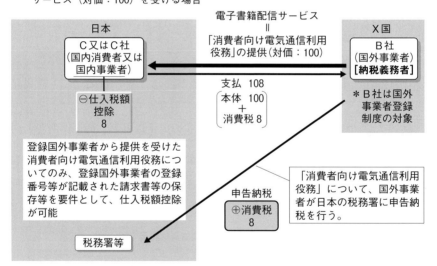

Q29.
今後の注目ポイントは何ですか

> **Point**
> 法人税については各国の動向を注視する必要があります。また、日本においては電子商取引以外の国境を越えた役務の提供に対する消費税のあり方について、今後の議論の動向に注意が必要です。

　Q26で説明したとおり、BEPS最終報告書では、現時点で国際課税原則の大幅な見直しは不要とされ、検討された3つの課税オプション（重要な経済的拠点の概念に基づく新たなPEへの課税、電子商取引における源泉徴収、平衡税の導入）についても、OECDの議論の過程で様々な問題点が指摘され、結果的にBEPS最終報告書では勧告は行われず、それら問題点が提示されたのみとなりました。

　ただし、この3つのオプションについては、各国が現行の租税条約を遵守するという条件つきで、BEPSに対する追加防止措置として各国国内法において導入することができる、また国内法への導入にあたっては現行の国際ルールに則った形となるようオプションの修正が求められる、ともされており、各国が独自にこれらオプションを採用するような動きをみせる懸念もあることから、各国の今後の動向について注視が必要です。

　また、日本においては2015年10月1日以降、国外事業者が国境を越えて行う役務の提供である電子書籍・音楽・広告の配信等の電子商取引に対して消費税が課されていますが、EUでは、電子商取引のみならず、サービスのB to B取引一般について、原則的にサービス受益者の所在地で課税されています。この点に関し、平成27年度の与党税制改正大綱では、消費税について、「今回の改正の実施状況、国際機関等の議論、欧州諸国等における仕向地主義に向けた対応、各種取引の実態等を踏まえつつ、課税の対象とすべき取引の範囲及び適正な課税を確保するための方策について引き続き検討を行う」とされていることから、電子商取引以外の国境を越えた役務の提供に対する課税のあり方についても、今後の議論の動向について注意が必要です。

第2節 ハイブリッド・ミスマッチ取決めの無効化（行動2）

Q30.
ハイブリッド・ミスマッチ取決めとはどのようなものですか

> **Point**
> 金融商品や事業体に関する各国の税務上の取扱いの差異を利用した節税策です。

　例えば図表13のように、X国の親会社A社がY国に子会社B社を有しているとします。ここで、A社がB社に対し保有するのは、負債のように償還要件がある特殊な株式でした。この場合、X国とY国の税務上の取扱いの違いにより、X国ではA社がB社の株式を保有している（資本を投下している）ものとされる一方、Y国ではB社がA社に対して税務上負債を有しているものとされることがあります。こうしたなかでB社からA社に対して、株式保有に起因する支払が行われると、X国ではA社の受取配当として取扱われる一方、Y国ではB社の支払利子として取り扱われるという状況が発生します。

図表13◆事例①（損金算入配当）

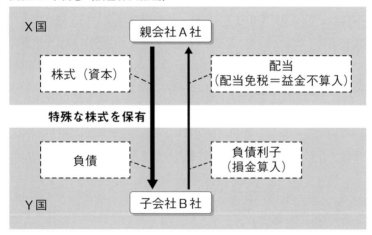

通常、各国では、一定の要件を満たす外国子会社からの配当については免税措置を講じていますので、このケースでは、B社からA社への支払はA社で益金不算入となる一方、B社では負債利子として損金算入されることになります。その結果、その受払いに関して、どちらの国でも課税が生じないことになります。

　この特殊な株式という「金融商品」は、資本か負債かの判断が国によって異なるため、ハイブリッド性があるといわれています。この性質を利用して、一方で益金不算入、他方で損金算入というミスマッチを創出させていることから、この節税策をハイブリッド・ミスマッチ取決めと呼びます。

　一方、「事業体」に関するハイブリッド・ミスマッチ取決めとして、図表14のような事例があります（実際の節税策はもう少し複雑ですが、ここでは説明の便宜のため事例を簡略化しています）。

　このケースにおいて、X国の親会社A社はY国に拠点Bを有しているのですが、X国は国内法上、B社を子会社として扱うか、またはB社をA社の支店として扱うかをA社が選択できるルールを有しており、A社は後者（支店）を選択したとします。一方、Y国にはそのような選択制のルールはなく、単

図表14◆事例②（二重控除）

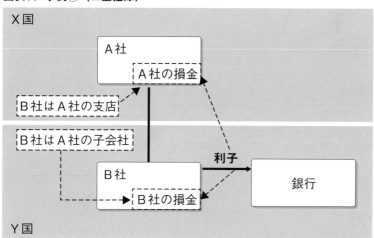

にそのB社をA社の子会社として扱ったとします。

　さて、ここでB社がY国で銀行から借入れを行い、利子を支払ったとします。この場合、利子は、Y国ではB社の損金と認識されると同時にX国でもA社の損金と認識されます。X国の税務上、B社はA社の支店と見なされるため、B社で生じた損金はA社のもの、ということです。

　そうすると、同じ損金につき、X国とY国で二重の控除が行われることになります。2つの国でB社に関する税務上の取扱いが異なるため、事業体の性質に関してハイブリッド性があり、そのため二重控除というミスマッチが生じます。

　ただし、そもそも二重控除自体が問題というわけではありません。例えばB社が金銭の貸付けを行い、利子を受け取っているとすると、X国でもY国でも益金算入となり、二重所得算入が生じるからです。すなわち、二重控除のあるところには二重所得算入もあるのであり、真に課税上の問題が生じるのは二重控除の額が二重所得算入の額を上回る場合に限られます。

　もっとも、このような事業体に関する取扱いの差異に着目する企業グループは、より多く損金算入することで、課税所得を減少させて税を免れようとすることから、わざわざ二重所得算入されるような益金を生じさせるとは考えがたく、たいていは損金超過の状況がつくり出されます。

Q31.
BEPS最終報告書ではどのような内容が勧告されたのですか

> **Point**
> 自国における金融商品や事業体に関する税務上の取扱いを、相手国における取扱いを踏まえて定める課税手法(リンキング・ルール)が勧告されました。

　例えば、**Q30**の事例①で説明すると、親会社からみて、配当の支払国で、その配当が損金算入される場合には、親会社において配当免税を適用せず、益金に算入することが勧告されました。このように相手国における税務上の取扱いを踏まえて、自国における税務上の取扱いを定めることをリンキング・ルールと呼びます。BEPS最終報告書では、この損金算入配当と呼ばれるものの他、いくつかのケースに分け、リンキング・ルールの発動方式を定めています。

　例えば、**Q30**の事例②については、まず、第1ルールとして、親会社所在地国であるX国がA社による損金算入を否認することになりました。そして、仮に親会社所在地国がそのようなルールを整備していない場合、第2ルールとして、子会社所在地国であるY国が、B社の損金算入を否認することになりました。このルールは親子の資本関係が50％以上である場合に適用されます。この他にも、25％以上の資本関係がある場合に適用されるルールもあります。

　なお、米国は事例②におけるX国と同じような制度を有しています。米国にはチェック・ザ・ボックス・ルールといって、ある子会社を法人と見なすのか、あるいは支店のように課税上透明な事業体と見なすのか(すなわち子会社の所得を親会社の所得として認識するか)を選択する制度があります。指定の書式において選択の結果を箱でチェックすることから、このような呼ばれ方をしています。

　Q15で説明したダブル・アイリッシュ・ダッチ・サンドウィッチのケースでは、子会社1と子会社2がアイルランドに設立されました。子会社2は事

業実体のあるビジネスを行いますが、子会社1はペーパー・カンパニーです。本来であれば、子会社1の所得は米国のCFC税制（詳細は第2編第1章第4節参照）によって合算課税されてもおかしくありません。しかし、実際に合算が生じなかったのは、子会社2をチェック・ザ・ボックス・ルールによって子会社1の支店と選択したからであるといわれています。子会社2が子会社1の一部であり、2つで1つの会社であると扱われれば、事業実体があるということになるでしょうから、米国のCFC税制を回避することができます。

コラム3　外国子会社配当益金不算入制度

外国子会社配当益金不算入制度は、海外子会社からの資金還流を促進する観点から平成21年度税制改正で導入されました。

それまでは海外からの配当についてはいったん、全額を益金に算入し、日本の親会社において法人税の計算を行った上で、その配当の原資となった海外子会社の利益に課された外国法人税に相当する部分を一定の算式により計算、その額を税額控除するという方式（間接外国税額控除制度）が採られていました。しかし、間接外国税額控除は複雑であり、また、適用の限度があるため、その限度に収まるよう、企業が複数の事業年度にわたり海外からの配当の時期をずらすなど、資本政策の中立性に歪みが生じているとの指摘がなされていました。

外国子会社配当益金不算入制度は、基本的に25％以上の株式を保有する外国法人からの配当は、その95％を益金に算入しないというシンプルな制度です。外国税額控除制度とも関係がないことから、配当の時期によって税負担が変動するということもありません。企業からは概ね好評な制度といえるでしょう。

ちなみに、残りの5％が益金に算入されるのは、例えば、銀行借入れを行い、その資金で海外子会社を設立し、配当を受ける場合において、借入れに対応する利子は損金に算入できる一方、配当が全額免税ということでは損金だけが計上され、費用・収益のバランスが取れていないからです。割り切りで5％分を課税する仕組みになっています。

さて、本制度の導入から7年が経過しましたが、財務省・日銀「国際収支統計」によれば、実態として海外子会社からの配当は増加傾向にあるようです（平成21年から26年にかけて約1.7倍増加）。ただ、これがどの程度、外国子会社配当益金不算入制度の影響によるものなのかは分析が難しいところで、企業の海外展開そのものの増加や円安等、他の影響もあるかもしれません。CFC税制の項（**Q48**）では、日本の外国子会社合算税制と外国子会社配当益金不算入制度の関係について触れていますので、そちらもご覧ください。

Q32.
日本の経済界の主張はどのように反映されているのですか

> **Point**
> リンキング・ルールが適用される範囲が当初案よりも狭くなりました。

　OECDの公開討議草案の段階では、リンキング・ルールは10％以上の資本関係がある関連者に適用されるとされ、範囲が極めて広いものとなっていました。

　先ほどみたとおり、リンキング・ルールとは相手国の税務上の取扱いを踏まえて自国の税務上の取扱いを定めるものですが、日本の法人税は申告納税制度ですので、基本的には企業が自ら相手国の税務上の取扱いを調べなければなりません。すなわち、日本の課税当局が企業に対し、特定の国がリンキング・ルールを導入しているか否か、あるいは特定の金融商品や事業体に関する他国の税務上の取扱いがどうなっているか、教えてくれるわけではないということです。

　こうしたなかで、資本関係が10％以上の会社との取引について、常にハイブリッド性の有無を調べるというのは、企業にとって負担の大きな作業です。場合によっては数百社を対象に調べなければならないかもしれません。そもそも日本の国際課税に関する諸制度との比較においても、10％は著しく低い数字です。いくつか例をみてみましょう。

〔日本の制度〕
- 移転価格税制…資本関係50％以上の場合、国外関連者
- 外国子会社合算税制（CFC税制）…資本関係50％超の場合、外国関係会社
- 過少資本税制…資本関係50％以上の場合、国外支配株主
- 過大支払利子税制…資本関係50％以上の場合、関連者
- 外国子会社配当益金不算入制度…25％以上保有する場合、外国子会社

そこで、経団連からは10％では対象が広過ぎるとし、範囲を狭める要望を提出しました。結果、BEPS最終報告書では、類型により25％以上または50％以上の資本関係がある場合、リンキング・ルールが適用されるとされ、要望が反映されました。

ただし、規定された資本関係以下の場合であっても、ハイブリッド・ミスマッチを生じさせるような"structured arrangement（仕組まれた取決め）"であることが明らかである場合には、リンキング・ルールの適用があるとされています。

Q33.
日本の税制改正の状況はどうなっていますか

> **Point**
> 平成27年度改正で損金算入につき配当免税を否認する改正が行われています。

　行動2については、BEPSプロジェクトのなかでも検討が早く進み、2014年9月の段階で中間報告が公表されていたことを受け、日本としては平成27年度税制改正で早々と対応しています。

　具体的には、損金算入配当について配当免税を否認する（外国子会社配当益金不算入制度を適用しない）措置が講じられました。豪州やブラジルの子会社からの配当のうち現地において損金算入されるものが対象となり、豪州については償還優先株式（Mandatory Redeemable Preference Share）からの配当が該当します。

　平成28年4月1日以降、適用が開始されるのですが、平成30年3月31日までは経過措置が適用され、施行日前から保有していた子会社株式に係る損金算入配当については、引き続き配当免税（外国子会社配当益金不算入）が適用されます。

Q34.
今後の注目ポイントは何ですか

> **Point**
> 日本では当面、行動2に関連した大きな改正はなさそうですが、引き続き、各国の状況を注視する必要があります。

　リンキング・ルールとして勧告された内容は多岐に渡りますが、日本としては先ほどみたとおり、平成27年度税制改正で一部、措置しているため、当面、行動2に関連した大きな国内法の改正はなさそうです。

　しかし、行動2は、BEPS最終報告書で「共通アプローチ」に分類されており、各国の慣行の統一が期待されています。したがって、中期的には、諸外国における制度の整備状況も踏まえつつ、すべてのリンキング・ルールが揃っていないことによる日本特有のBEPSリスクを勘案しながら、順次、必要な改正を行っていくことが考えられます。

第3節　移転価格文書化（行動13）

Q35.
移転価格税制とは何ですか

Point

> 移転価格税制とは、国境を越えた関連会社間の取引価格（移転価格）を適切に設定し、国家間の課税権の調整を図る制度です。

　一般的に、親子会社間等の関連会社間の取引価格（移転価格）は様々な理由から非関連会社との間の市場取引とは異なる場合があり、その結果、国をまたいだ取引の場合には、一方の国の企業の所得が多くなったり、他方の国の企業の所得が少なくなったりすることが起こります。このような事態に対応するため、各国の移転価格税制では共通ルールとして独立企業原則が採用されています。独立企業原則とは、同じような状況にある独立企業であればどのような価格で取引を行ったかを検討することで、移転価格の適正さを判断するという原則です。

　そして、ある国外関連取引の価格設定が独立企業間価格と異なる場合、課税当局が独立企業間価格に引き直して課税を行うことを移転価格課税と呼んでいます。

　日本の移転価格税制は、直接・間接の資本関係が50％以上の外国法人との取引に適用されます。この要件を満たす外国法人を国外関連者、移転価格税制が適用される取引を国外関連取引といいます。

　特に法人税率の低い軽課税国の国外関連者との間で独立企業間価格とは異なる価格で行われる取引は、租税回避を目的として行われることも多く、その意味で、移転価格税制は租税回避を防止する側面を有しますが、租税回避目的がなくても、企業の適正な所得を算定し、各国の課税権を調整する側面もあります。

Q36.
移転価格文書化とは何ですか

> **Point**
> 国外関連取引について、適正な移転価格を算定するための書類を作成・保存することです。

　企業は移転価格課税を受けないようにするため、国外関連取引に関する様々な情報について書類等を作成し、自社の設定した移転価格の適正さ、独立企業間価格との整合性を証明することになります。これが移転価格文書化です。

　海外では移転価格文書化が義務化されている国もありますが、日本では平成28年度税制改正前は制度上、義務化されていませんでした。ただ、個別の国外関連取引について税務署から必要な文書の提供を求められたにもかかわらず遅滞なく対応しない場合には、税務署側が移転価格を推定して課税できるとされているため、こうした状況を避けるべく一定の文書化が行われてきました。

　2016年3月31日現在、企業が作成・保存している文書の例は次のとおりです。

〔国外関連取引の内容に関する書類〕
・取引の対象となる資産の明細、役務の内容
・当事者の果たす機能、負担するリスク
・当事者が使用した無形資産
・契約書
・価格の設定方法及びその交渉過程
・取引に係る当事者の損益の明細
・取引に係る市場の分析
・取引の当事者の事業方針
・取引と密接に関連する他の取引の有無及びその内容

〔独立企業間価格の算定のための書類〕
・独立企業間価格の具体的算定方法
・比較対象取引の選定に係る事項
・比較対象取引について差異調整を行った場合の理由・方法等

Q37.
BEPS最終報告書ではどのような内容が勧告されたのですか

Point
多国籍企業グループに対し、国別報告事項、マスターファイル、ローカルファイルの三文書の作成を求めることになりました。

　このうちローカルファイルは、**Q36**でみた個別の国外関連取引について独立企業間価格を算定するための書類であり、基本的には従来から作成されていたものです。したがって今回、新たに作成が求められるのは国別報告事項とマスターファイルです。なお、国別報告事項はBEPS最終報告書においてミニマム・スタンダード（すべてのOECD／G20加盟国が一貫した実施を約束するもの）とされ、三文書のなかでも特に拘束力の強い内容になっています。

Q38.
国別報告事項とはどのようなものですか

Point

多国籍企業グループの活動概況を国ごとに、定量的に記載するものです。

　国別報告事項では、親会社・子会社が所在する国・地域ごとの総収入金額、税引前利益、法人税額、資本金、利益剰余金、従業員数、有形資産等の情報を記載することになります。なお、図表において「法域」とあるのはjurisdictionの訳で、国・地域と同義です。

図表15◆国別報告事項の書式

Table1　租税法域ごとの所得、税、事業活動の配分の概観

多国籍企業の名称／対象事業年度										
租税法域	総収入金額			税引前利益又は損失	支払法人税額現金ベース	法人税額当年度発生額	資本金	利益剰余金	従業員数	有形資産現金及び現金同等物除く
	非関連者	関連者	合計							

Table2　租税法域ごとに統合された多国籍企業グループのすべての構成事業体のリスト

多国籍企業の名称／対象事業年度														
租税法域	その租税法域に居住する構成事業体	租税法域が居住する租税法域と異なる場合のその租税法域	主たる事業活動											
			研究開発	知的財産の所有又は管理	購買又は調達	製造又は生産	販売、マーケティング又は流通	経営管理又は支援サービス	非関連者へのサービス提供	グループ内金融	規制金融サービス	保険	株式又は他の持分商品の保有	休眠会社	その他*
	1.														
	2.														
	3.														

注：追加情報のセクションで構成事業体の活動の性質について特定

Table3　追加情報

多国籍企業の名称／対象事業年度
必要と考えられる又は国別報告事項への記載が義務付けられた事項の理解に役立つ追加の情報又は説明があれば、ここに簡潔に記述

Q39.
マスターファイルとはどのようなものですか

> **Point**
> 多国籍企業グループの活動概況を定性的に記載するものです。

　具体的には、5つの記載項目があります。第1は組織構造です。組織図を用いて資本関係やグループ企業の所在地を明らかにします。

　第2は事業概況です。まず、グループ全体の営業収益の源泉を特定した上で、グループにおける売上高上位5位の製品・役務提供のサプライチェーンを記述します。加えて、グループ売上高の5％超に達する製品・役務提供のサプライチェーンも記載します。グループ内の各企業がどのような機能を果たし、価値創造に貢献しているのかという点についても簡単な機能分析を行います。なお、その年に重要な事業再編があった場合には、その事実を記載します。

　第3は、無形資産の情報です。主たる研究開発拠点に関する情報を含め、無形資産の開発・所有・使用に関する戦略を記載するとともに、重要な無形資産をリスト化します。また、関連者間で重要なライセンス契約等があれば、そのリストも記載します。無形資産に関する移転価格ポリシーの説明も必要です。その年に重要な無形資産の移転がある場合は、その概要を記述します。

　第4は、金融活動です。グループの資金調達方法の概要について記述した上で、グループ内で中心的な金融機能を果たすメンバーを特定します。関連者間での金融取決めに関する移転価格ポリシーについても説明が必要です。

　第5は財務及び税務情報です。その年の連結財務諸表や、取得済みのユニラテラルAPA（Advance Pricing Agreements：事前確認）の情報を記載します。APAとは、移転価格の妥当性について事前に課税当局から確認を得ることをいいます。取引の両当事国から確認を得ることをバイラテラルAPA、一方の当事国のみから確認を得ることをユニラテラルAPAといいます。

Q40.
なぜBEPS対策として移転価格文書化の勧告が行われたのですか

> **Point**
> 各国の課税当局が多国籍企業グループの活動の「全体像」を把握するためです。

　これまで各国の課税当局は、自国企業による国外関連者との個々の取引に関する情報（ローカルファイルに相当するもの）の提供を求めることで、適正な課税を実現しようとしていました。しかし、一部の多国籍企業は、第三国を含め複数の国を介在させる複雑な租税回避スキームを利用します。

　そのため近年、課税当局としては、個々の国外関連取引に関する情報のみでは、移転価格が適正であるかどうかの判断が困難との見解を持つようになりました。そこで、既存の情報に加えて、国別報告事項やマスターファイルを通じて、多国籍企業グループの全体像を把握する必要があると考えたのです。OECDはこの全体像のことを、しばしば"Big Picture"と呼んでいます。

　例えばQ14で紹介したコーヒーチェーンS社の事例では、国別報告事項の英国の欄において、総収入金額（売上額）が多額であるにもかかわらず、法人税額が著しく低額になっていることが一目瞭然となるでしょう。また、Q11で紹介したアイルランドへの知的財産権の移転の事例において、仮に子会社が実体のないペーパー・カンパニーの場合は、アイルランドの欄は従業員がゼロ、かつ有形資産がほとんどない状況で、多額の税引前利益を計上しているにもかかわらず、法人税額が少ない、といういびつな状況になっているかもしれません。

　もちろん、国別報告事項に記載される情報だけで、その多国籍企業がBEPSを行っているかどうかは判定できません。ただし、アグレッシブな節税策に対する牽制効果は極めて大きいと考えられます。国別報告事項の法域名欄にケイマンやバミューダ等のタックス・ヘイブン（法人税率が無税又は

極めて低い法域）の名前ばかりが出てくれば、各国の課税当局から怪しまれても不思議ではありません。

　また、マスターファイルの導入により、多国籍企業グループの事業概況や無形資産に関する情報、金融取引に関する情報が明らかになります。今後、課税当局としては、ある企業の行った国外関連取引をローカルファイルをもとに単なる点として検証するのではなく、グループ全体のビジネスの文脈のなかで理解し、検証できるようになります。

Q41.
BEPS最終報告書に至るまで、どのような議論が行われたのですか

> **Point**
> 国別報告事項やマスターファイルの記載事項や課税当局への提出方法が論点となりました。

　BEPSプロジェクトはOECD加盟国にとどまらず、G20の各国も参画していますが、とりわけ新興国からは、多国籍企業の"Big Picture"に関する情報が圧倒的に不足しているとの指摘があり、国別報告事項、マスターファイルともに、当初案は企業にとってかなり厳しいものとなっていました。

　例えば国別報告事項においては、国別（country by country）といいながら、その国に所在する子会社ごと（entity by entity）のデータが必要とされ、内容についても、**Q38**で説明した記載項目の他、役務提供の対価（本店管理費・会計サービス費等）・ロイヤルティ・利息のそれぞれの収受額、あるいは人件費総額等が求められていました。また、マスターファイルにおいても、相互協議の状況や報酬額の多い従業員の肩書きと所在事業所等、**Q39**で紹介した最終的な内容よりも広範な記載事項が提案されていました。

　国別報告事項における役務提供の対価・ロイヤルティ・利息のそれぞれの収受額は、企業としてこれまで国ごとに集計した経験がなく、事務負担が過度に重くなるおそれがありました。また、マスターファイルにおける高額報酬従業員の情報等は、そもそも有用性に疑問があります。

　加えて、国別報告事項及びマスターファイルの各国課税当局への提出方法については、各国に所在する多国籍企業グループの子会社を通じて、子会社所在地国の課税当局に提出する案（子会社方式）が有力とされていました。仮に子会社方式が採用されれば子会社が他の企業グループとの合弁会社の場合、機密情報の記載された両文書が子会社を通じてライバル企業に漏洩するおそれがありました。

また、提供された数値情報のみに依拠して、新興国の課税当局から不適切な課税が行われるのではないかとの心配もありました。
　これら文書は、確かに一部の多国籍企業による過度な節税策に対する牽制効果を有するかもしれません。課税当局による"big picture"の把握にも資するでしょう。ただ、上に挙げたような問題から、当初案は適切とはいえませんでした。
　そこで、こうした懸念を伝えるため、OECDの公表した公開討議草案に対し、経団連として意見を提出しました。そのなかで、文書の記載情報については合理的な範囲まで削減すべきこと、また、提出方法については、子会社方式ではなく、提出先を親会社所在地国の課税当局に限定し、関連する他の課税当局に対しては租税条約に基づく情報交換により共有する方法（条約方式）を採用すべきことを主張しました。
　経団連はその後、2014年5月にパリで開催されたOECDの公聴会にも参加し、直接の意見陳述を行いました。アジアから参加した経済団体は経団連だけでしたが、条約方式を採用すべきという点については、欧米を含め、各国の経済界の意見は一致していました。
　問題は政府側です。条約方式だと、租税条約のネットワークが十分ではない開発途上国にとっては情報がタイムリーに得られないとの指摘がありました。経団連としては、だからこそ多国間、二国間を含め、条約ネットワークの拡充が必要と訴えました。
　印象的だったのは欧州のNGOの動きです。Q16でBEPSは欧州において社会問題になっていると紹介しましたが、公聴会でも盛んに発言していました。NGOの主張は、条約方式か子会社方式かという次元を超えて、国別報告事項の記載情報を広く社会に公開せよ、というものです。これについてはOECDも、移転価格文書はあくまでも課税当局向けの資料であるとし、主張を退けました。

第3節　移転価格文書化（行動13）

Q42.
議論の過程で論点となった項目について、どのように決着したのですか

Point

国別報告事項やマスターファイルの記載事項が削減されました。また、国別報告事項については条約方式が採用されました。

　BEPS最終報告書に先立ち、2014年9月にOECDが中間報告を公表し、制度の大枠が明らかになりました。具体的には、国別報告事項、マスターファイルの記載事項が当初案よりも簡素化されるとともに、国別報告事項については利用目的に制限がかかりました。すなわち、国別報告事項は、あくまでも多国籍企業グループにBEPSの疑いがあるか否かというおおまかなリスク評価を行うための資料であり、記載された情報をもって安易に移転価格課税を行ったり、この国でこれだけの総収入金額、従業員数、有形資産があるのだからそれに応じた課税所得が配分されるべきだという単純な計算（定式配分）を行ったりしてはならないと明記されました。経済界の主張に対して一定の配慮がなされたといえます。

図表16◆文書の提出方法

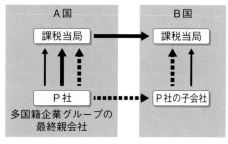

→ 国別報告事項＝条約方式
　（親会社所在地の課税当局に提出、租税条約により共有）
▪▶ マスターファイル＝子会社方式
　（子会社と共有し、子会社から所在地国の課税当局に提出）
→ ローカルファイル

第2編◆企業へのインパクト

文書の提出方法については、2015年2月に公表された国別報告事項の実施ガイダンスにおいて、国別報告事項については条約方式が基本とされ、マスターファイルについては子会社方式となりました。国別報告事項については、条約方式は、当初劣勢でしたが、最終的に逆転できました。この点については、日本政府の理解・協力も大きかったと思います。一方、マスターファイルが子会社方式とされたのは、数値情報を記載する国別報告事項に比べ、情報の機密性が相対的に低いとの判断によるものと思われます。

　なお、実施ガイダンスでは、国別報告事項の導入時期が、全世界的に2016年1月1日以降に開始する事業年度からと定められるとともに、対象となる多国籍企業グループについては、前事業年度の連結総収入金額が7億5,000万ユーロ（約1,000億円）以上であるものとされました。

　さらに、2015年6月の国別報告事項の実施パッケージでは、各国における国別報告事項のモデル立法案及び各国の課税当局が情報交換を実施するためのモデル当局間合意案が提示されました。

　これらをまとめたものとして、2015年10月にBEPS最終報告書が公表されました。

Q43.
日本での税制改正で国別報告事項・マスターファイルはどうなりましたか

> **Point**
> 2016年3月に関連法案が成立しました。国別報告事項、マスターファイルは2016年4月1日以降開始事業年度分から作成・提出が求められます。

　日本では平成28年度税制改正において、BEPS最終報告書を踏まえた新たな移転価格文書化制度を導入することが決定されており、2016年3月に関連法案が成立しました。対象となる多国籍企業グループは新たに国別報告事項、マスターファイル（「事業概況報告事項」）を作成する必要があります。

　国別報告事項とマスターファイルを作成する必要のある多国籍企業グループとは、連結財務諸表を作成すべき企業集団で2以上の国で事業を行うものです。ただし、最終親会社が連結財務諸表を作成し、さらにその上場子会社が連結財務諸表を作成するという場合には、作成義務者は最終親会社（究極の親会社）に一本化されます。なお、グループの直前会計年度の連結総収入金額が1,000億円未満であれば、両文書の作成は免除されます。

　国別報告事項についてはBEPS最終報告書で定められたテンプレートと同様のものを作成することになります（**Q38**参照）。最終親会社の会計年度終了の翌日から1年以内に、e-Taxを通じてオンラインで所轄の税務署長に提出しなければなりません。必ず各国に共有されるという性質を踏まえ、使用言語は英語です。期限内に提出がない場合には30万円以下の罰金が科されます。

　マスターファイルについても、BEPS最終報告書で定められた内容に準拠することになります。提出期限や罰則は国別報告事項と同じです。使用言語は日本語または英語です。ただし、国別報告事項とは異なり、当局間で共有されるものではなく、立地している各国課税当局へそれぞれの国の法制に基づいて提出することになるため、それぞれの国の制度に沿って内容の調整が必要となる可能性があります。

ところで、国別報告事項における海外分の情報については、子会社のある国だけでなく支店等、PE（恒久的施設）のある国の情報も必要です。また、連結財務諸表に重要な影響を与えないものとして連結財務諸表に含めていない子会社があっても、国別報告事項では記載しなければなりません。その他のルールも含め、まとめると図表17のイメージのとおりです。

X国に多国籍企業グループの最終親会社Aがあり、Aが50％超の支配を及ぼす子会社はα（上場会社）、B、D、E、F、Gだったとします。うち、BはAの連結財務諸表に重要な影響を与えないほど極めて小規模な子会社であるとします。Aはβ株を30％しか保有していないため、βはAの子会社ではなく関連会社です。

この場合、Aの連結財務諸表に連結子会社として財産及び損益の状況の全

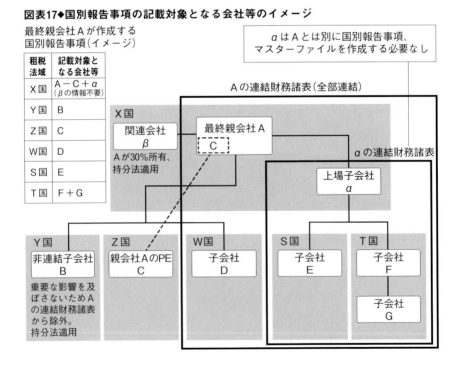

図表17◆国別報告事項の記載対象となる会社等のイメージ

最終親会社Aが作成する
国別報告事項（イメージ）

租税法域	記載対象となる会社等
X国	A－C＋α（βの情報不要）
Y国	B
Z国	C
W国	D
S国	E
T国	F＋G

第3節　移転価格文書化（行動13）

部が反映されるのはα、D、E、F、Gです（全部連結）。一方、Bは非連結の子会社として、連結子会社とは異なるカテゴリーである持分法適用会社となり、損益の状況のみが連結財務諸表に反映されます。βはAの関連会社であり、同じく持分法適用会社となります。なお、Z国におけるAのPEであるCのデータは、連結財務諸表上、Aのデータの内数として含まれています。

一方、上場会社であるαは、Aとは別に、自ら連結財務諸表を作成します。この連結子会社はE、F、Gです。

国別報告事項の構成会社等は連結財務諸表を基礎としますが、いくつか異なる部分があります。まず、Bは「連結財務諸表に重要な影響を与えないものとして連結財務諸表に含めていない子会社」であるため、全部連結されていませんが、Aの国別報告事項においてはBのデータが必要です。一方、βは持株比率が低い関連会社であることにより損益の状況しか取り込まれていない会社であることから、国別報告事項においてはデータの記載が必要ではありません。

PEであるCのデータについては、その所在地国Zの欄で書く必要があります。そこで、Cのデータの二重計上を避けるため、X国の欄においては、Aの単体データからCのデータを控除した上で、αの単体データを加算することになります。

一方、αは連結財務諸表を作成していますが、多国籍企業グループの最終親会社ではないため、Aとは別に国別報告事項を作成する必要はありません。

国別報告事項とマスターファイルは、日本では2016年4月1日以降に開始する会計年度の内容について提出が求められます。その提出時期はその会計年度終了後1年以内となることから、最も早い提出期限は2018年3月末となります。

Q44.
日本での税制改正でローカルファイルはどうなりましたか

> **Point**
> 国別報告事項等と同様、関連法案が成立しています。重要性の高い国外関連取引については同時文書化と呼ばれる新たな義務が課されます。改正は2017年4月1日から施行されます。

　Q36で説明したとおり、ローカルファイル（独立企業間価格を算定するために必要な書類）に相当する文書は、すでに企業は実態として作成していますが、法律上は作成義務がありませんでした。

　今回の税制改正でポイントとなるのは、必要書類の追加・整理もさることながら、ローカルファイルについて、OECDの勧告に従い、確定申告書の提出期限までに作成することが義務付けられたことです。これを同時文書化といいます。例えば3月決算、単体納税企業の場合、6月末までに書類を作成することが必要です。また、連結納税の場合は7月末までに作成する必要があります。

　なお、その後の税務調査でそれら書類が求められた場合において、一定期限（文書の性質に応じて45日以内または60日以内）までに提示または提出がない場合には、推定課税が行われるおそれがあります。

　ただ、すべての国外関連取引について同時文書化が求められるわけではなく、重要性基準が設けられています。具体的には、ある国外関連者との前期の取引金額（受払合計）が50億円未満、かつその国外関連者との前期の無形資産取引金額（受払合計）が3億円未満である場合には、同時文書化は不要です。もっとも、このような書類であっても、税務調査において提出が求められた場合には、60日以内に提示または提出をしないと、推定課税が行われるおそれがあります。

　なお、他国に比べて、日本では事業年度末から納税申告までの期限が短いこと、また、文書の作成義務化は初の試みであることから、企業の事務負担に考慮し、ローカルファイルについての改正については、導入年度を遅らせ、2017年4月1日以降に開始する事業年度分からとされました。

第3節　移転価格文書化（行動13）

Q45.
企業としてはどのような点に注意が必要ですか

> **Point**
> 子会社からの情報収集体制を整備するとともに、移転価格文書間の整合性に留意する必要があります。

　国別報告事項については、基本的には連結財務諸表を作成するために収集した会計数値を活用することになると思われますが、企業においては、支払法人税額等、現状では一部カバーできていない記載項目もあるようです。また、決算の効率化のためサブ・グループの連結データを活用している場合には、末端のグループ子会社の数値を把握していない場合があります。各社、それぞれ既存の社内システムとの関係を含め、最も効率的な情報収集方法を模索しているというのが実態だと思いますが、できるだけ早期の体制整備が求められます。

　マスターファイルについては、定性的な情報を記載するだけに、どの程度の分量を盛り込むのか、判断に迷う場面がありそうです。多国籍企業の"Big Picture"を課税当局に提供するとの趣旨に反しない範囲であれば、内容については企業側の裁量に委ねられるべきですが、課税当局としても、記載例を含め、一定のガイドラインを提供する必要があるでしょう。

　ローカルファイルについては、同時文書化の対象となるものは、これまでと異なり確定申告書の提出期限までに書類を準備する必要があります。例えば3月決算の単体納税企業の場合、確定申告書の提出期限は実質的には6月末なので、スピーディーな対応が求められるでしょう。

　なお、多国籍企業グループの最終親会社である日本企業としては、これら三文書間の整合性に留意する必要があります。課税当局はこれら三文書を相互に参照しながら、ある多国籍企業についてBEPSの疑いがないかどうか検証することになるので、文書間で矛盾する内容はできるだけ排除する必要があると思われます。

Q46.
今後の注目ポイントは何ですか

> **Point**
> 各国における一貫性のある実施とそのモニタリングです。

　現在、日本以外でも様々な国が移転価格文書化に関する法制化を進めていますが、早速いくつかの課題が浮上しています。

　代表的なのは、国別報告事項の適用初年度の問題です。Q42で説明したとおり、国別報告事項の提出方法については条約方式が基本であり、最終親会社によって自国の課税当局に提出された国別報告事項は、租税条約を通じて自動的情報交換により関係する課税当局に提供されます。

　しかし、BEPS最終報告書では、条約方式が満足に機能しない場合、第2方式として子会社方式が適用されるとも記載されています。例えば、勧告のとおり、2016年1月1日以降開始事業年度分について国別報告事項の提出を義務化している国のなかには、日本のように2016年4月1日以降開始事業年度分では遅く、条約方式が満足に機能していないと考える国があるかもしれません。そのような判断がなされれば、日本の12月決算法人については、国内では義務化されていない2016年1月1日開始事業年度分の国別報告事項について、子会社方式により、現地子会社経由での提供を求められるおそれがあります。

　ただ、BEPS最終報告書では、各国における移転価格文書化の法改正には若干のタイム・ラグが生じるかもしれない旨の認識が示されています。事実、米国においても、国別報告事項の施行が遅れる見込みです。少なくとも適用初年度については、各国が安易に子会社方式を発動しないように足並みを揃える必要があり、経団連としても関係方面に働きかけを行っているところです。

　この他、国別報告事項について、情報漏洩がされないか、不適切に利用さ

れないか、テンプレートで定められている以上の追加情報が請求されないかなど、多くの懸念事項があります。今後、国別報告事項に関する課税当局共通のガイダンスが整備されることが待たれます。また、企業としても、他国の課税当局から逸脱した課税・要求が行われる場合には、速やかに日本の課税当局に通報する必要があります。最近では、EUがBEPS最終報告書の勧告内容の実施とは別トラックとの整理のもと、国別報告事項と類似の報告書の一般公開を検討しています。

なお、マスターファイルとローカルファイルについては、各国の国内法制でそれぞれ規定されることになるため、国によって必要な記載情報がBEPS最終報告書の内容と少しずつ異なる可能性があります。その違いが軽微なものに留まる限り、なかなか各国の動きを止めるのは難しいのですが、大きく逸脱した内容の税制改正がなされる場合には、国際社会として対応が必要と考えられます。

最後に、移転価格文書化については、2020年に再度見直すこととされています。新興国等は移転価格文書化を強化したいという意向を持っていますので、引き続き、OECD／G20の議論の動向に関心を持つことが大切です。

第4節　効率的なCFC税制の設計（行動3）

Q47.
CFC税制とは何ですか

> **Point**
> CFC税制とは、軽課税国等に設立された子会社の所得のうち、実質的な経済活動を伴わないものを親会社において課税する制度です。

　CFC税制とは、軽課税国等に設立された相対的に税負担の軽い外国子会社の所得のうち、実質的な経済活動を伴わないものを親会社の所得とみなして合算し、親会社において課税する制度です。CFCはControlled Foreign Companyの略称であり、直訳すると「被支配外国会社」となりますが、要するに外国子会社のことなので、日本のCFC税制は通常「外国子会社合算税制」と呼ばれています。また、1978年に創設された当初のように「タックス・ヘイブン対策税制」と呼ばれることもあります。

　例えば、図表18のとおり、日本にある親会社A社が、保有するソフトウェアの権利をY国にある実体のない外国子会社B社にライセンスして、B社を通じて日本や米国等、海外に販売することで、本来A社に帰属すべき所得を人為的にB社に帰属させることがあり得ます。このような場合に、日本の課税当局は、B社の所得をA社の所得とみなして合算し、A社において課税することになります。

図表18◆CFC税制の概要

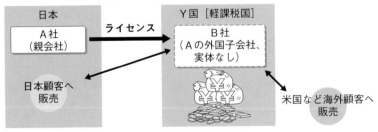

Q48.
日本のCFC税制の目的は何ですか

Point
> かつては、課税繰延防止がCFC税制の目的であるとの考えもありましたが、現在は、租税回避防止目的という考え方が有力になっています。

　日本ではかつて、CFC税制の目的について、軽課税国等に設立された子会社に海外で得た利益を親会社に配当せずに溜め込み、親会社所在地国での配当課税を免れることを防ぐこと（課税繰延防止）であるという考えも一部ではありました。しかし、日本では、CFC税制導入当初から立法担当者の解説においてその考え方は採用されず、しかも、外国子会社の利益の国内への資金還流を促進する観点から、平成21年度税制改正により、親会社が一定の外国子会社から受ける配当を親会社の所得に算入しない外国子会社配当益金不算入制度が導入されたため、CFC税制の目的は課税繰延防止にあるとはいえなくなりました。

　そのため、現在は、CFC税制の目的は、本来、国内の親会社に帰属すべき所得であったにもかかわらず、租税回避目的で人為的に軽課税国等に設立された外国子会社に付け替えられた所得に対して課税をすることにある（租税回避防止目的）という考えが一般的です。

　また、平成28年度与党税制改正大綱においても、「軽課税国に所在する外国子会社を利用した租税回避の防止」ということがCFC税制の趣旨として再確認されています。

第2編◆企業へのインパクト

Q49.
これまで日本のCFC税制はどのように改正されてきたのですか

Point

CFC税制は昭和53年度税制改正で創設されて以降、様々な改正がなされてきました。現在の基本的枠組みは平成22年度の税制改正の内容が前提となっています。

　日本のCFC税制は、軽課税国に対する所得移転による租税回避を防止する観点から、昭和53年度の税制改正で創設されました。創設から35年以上が経過しています。

　この間、いくつかの重要な改正がありました。平成4年度の税制改正では、旧大蔵大臣がタックス・ヘイブンを指定・告示する軽課税国指定制度（いわゆるブラックリスト方式）が廃止され、トリガー税率（外国子会社の租税負担割合：$\dfrac{各事業年度の所得に対して課される租税の額}{所得の金額}$）による判定方式に変更されました。これ以来、「タックス・ヘイブン対策税制」という呼称から「外国子会社合算税制」という呼称に変わりました。平成21年度の税制改正による外国子会社配当益金不算入制度の導入は、CFC税制自体の改正ではありませんが、**Q48**で述べたように、CFC税制の目的を考える上で大きなポイントになっています。

　現在の日本のCFC税制の基本的枠組みは、平成22年度の税制改正の内容を前提としています。この改正では、諸外国が法人税率を引き下げるなかで、日本もCFC税制の発動の基準となるトリガー税率を25％以下から20％以下へと引き下げる一方、資産性所得合算課税と呼ばれる制度が導入されました。資産性所得合算課税とは、ある外国子会社をみた場合に、たとえ事業実体があり、会社単位での合算課税が免除となる場合でも、配当、債券利子、知的財産権使用料といった一部の所得については、租税回避目的で人為的に付け替えられやすいことから、資産性所得として部分的に親会社の所得

に合算するというものです（**Q52**参照）。また、平成27年度の税制改正では、英国での法人税率の引下げを受け、トリガー税率が20％以下から20％未満へと引き下げられています。さらに、平成28年度の税制改正では、世界的な保険市場である英国のロイズにおいて保険事業を営む法人に対応した見直しが行われました。

Q50.
日本の現在のCFC税制はどのように合算対象となる所得を判定していますか（1）

> **Point**
> 日本のCFC税制は、軽課税国に所在する子会社の所得について、①会社単位で合算するかを判定し、②会社単位で合算しない場合でも、租税回避のおそれが高い所得については、所得ごとに合算するかを判定する、二層構造になっています。

　日本のCFC税制は図表19のフローチャートに基づいて課税されるかどうか判定されます。
　具体的には、①親会社（②の外国関係会社を直接・間接に10％以上保有しているか）、②外国関係会社（親会社等が直接・間接に50％超を保有している外国法人であるか）、③除外・閾値（外国関係会社のうち、無税国に所在orトリガー税率が20％未満の法人）に関する基準をいずれも満たし、④適用除外基準を1つでも満たさない場合は、対象となる外国関係会社のすべての所得が親会社の持株割合に応じて合算されます。
　加えて、適用除外基準をすべて満たした場合でも、⑤特に、租税回避目的で人為的に付け替えられやすい株式配当、債券利子、知的財産権使用料等の所得については、資産性所得合算課税として対象となる所得を合算しています。
　そもそもCFC所得、すなわち、CFC税制を適用することによって親会社に合算される所得には、2つの合算の考え方がベースにあります。
　1つ目はエンティティ・アプローチといい、外国子会社の総所得に占めるCFC所得の相対的な多寡に応じて総所得を全部合算または全部非合算の対象とするものです。2つ目はトランザクショナル・アプローチ（インカム・アプローチ）といい、あくまでも特定されたCFC所得のみを合算対象とするものです。諸外国の税制においてもいずれのアプローチを採用するかについて統一されているわけではありません。

第4節　効率的なCFC税制の設計（行動3）

図表19◆CFC税制のフローチャート

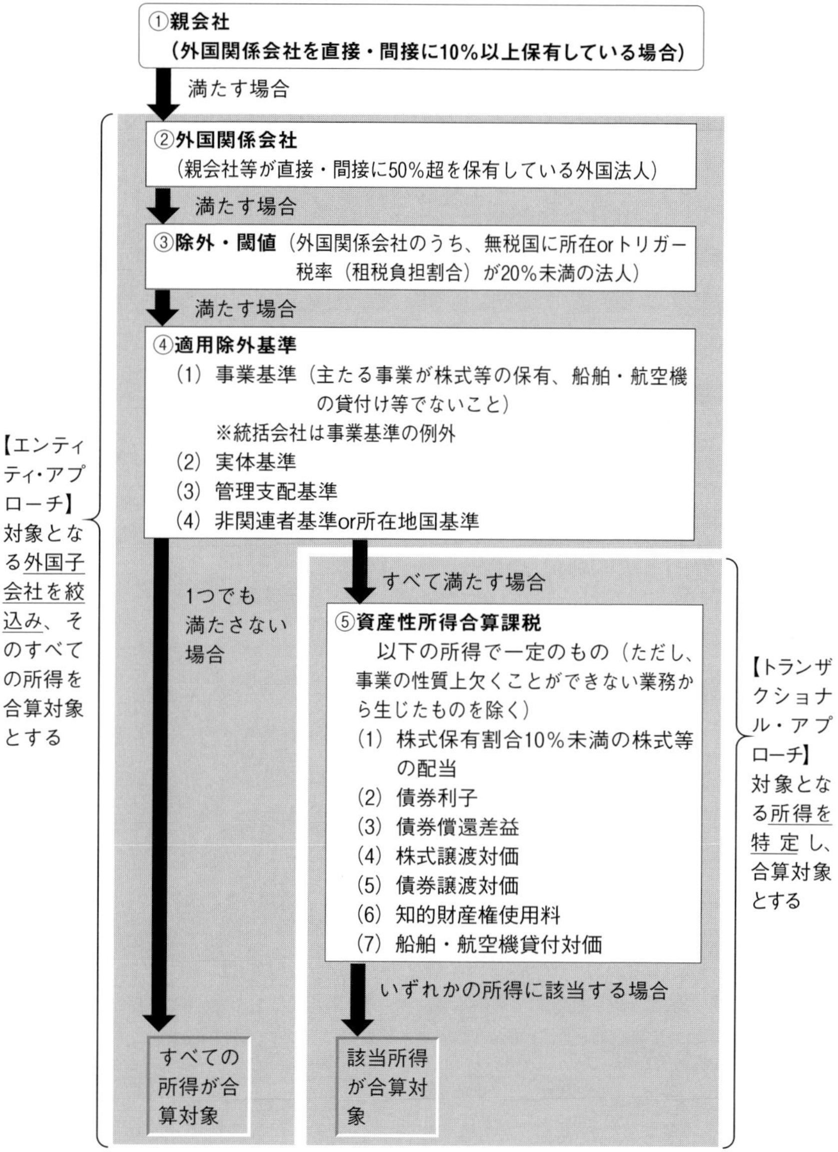

①親会社
（外国関係会社を直接・間接に10％以上保有している場合）

↓ 満たす場合

②外国関係会社
（親会社等が直接・間接に50％超を保有している外国法人）

↓ 満たす場合

③除外・閾値（外国関係会社のうち、無税国に所在orトリガー税率（租税負担割合）が20％未満の法人）

↓ 満たす場合

④適用除外基準
(1) 事業基準（主たる事業が株式等の保有、船舶・航空機の貸付け等でないこと）
　　※統括会社は事業基準の例外
(2) 実体基準
(3) 管理支配基準
(4) 非関連者基準or所在地国基準

【エンティティ・アプローチ】
対象となる外国子会社を絞込み、そのすべての所得を合算対象とする

1つでも満たさない場合
↓
すべての所得が合算対象

すべて満たす場合
↓
⑤資産性所得合算課税
　以下の所得で一定のもの（ただし、事業の性質上欠くことができない業務から生じたものを除く）
(1) 株式保有割合10％未満の株式等の配当
(2) 債券利子
(3) 債券償還差益
(4) 株式譲渡対価
(5) 債券譲渡対価
(6) 知的財産権使用料
(7) 船舶・航空機貸付対価

いずれかの所得に該当する場合
↓
該当所得が合算対象

【トランザクショナル・アプローチ】
対象となる所得を特定し、合算対象とする

第2編◆企業へのインパクト

日本のCFC税制におけるCFC所得の合算方法は、②から④まででは、会社単位でCFC税制の適用対象となる所得を判定していることから、エンティティ・アプローチと理解されています。このため、平成22年度の税制改正で資産性所得合算課税が導入されるまでは、日本のCFC税制はエンティティ・アプローチによるCFC税制であるといわれていました。

　一方、⑤資産性所得合算課税については、所得ごとにCFC税制の適用対象となるかどうかを判定していることから、この部分についてはトランザクショナル・アプローチの考え方に基づいて課税を行っているといえます。

　このように、現行の日本のCFC税制は、入口でエンティティ・アプローチにより対象外国子会社を絞り、出口でトランザクショナル・アプローチにより漏れがないようにCFC所得を捕捉しており、複合的な制度となっています。事実、BEPS最終報告書のなかでは、日本の制度が「ハイブリッド・アプローチ」に当たるとした上で、本質的には、トランザクショナル・アプローチの一種であると整理されています。

Q51.
日本の現在のCFC税制はどのように合算対象となる所得を判定していますか（2）

Point

①親会社、②外国関係会社、③除外・閾値に関する基準をそれぞれ満たすか検討し、いずれも満たした場合に、④適用除外基準を検討し、適用除外基準を1つでも満たせない場合は、その外国関係会社のすべての所得が合算されます。

　日本のCFC税制のうち、会社単位で所得を合算する（エンティティ・アプローチ）部分は、軽課税国等に設立された相対的に税負担の軽い外国子会社の所得について、適用除外基準をすべて満たさない場合、子会社の所得をすべて合算して、親会社において課税するものです。

　Q50で述べたとおり、CFC税制を適用するかどうかは①親会社、②外国関係会社、③除外・閾値、④適用除外基準を検討した上で判断します。

　①　親会社

　CFC税制による合算課税は、基本的に②で説明する「外国関係会社」のうち③の基準を満たす外国子会社（「特定外国子会社等」といいます）の株式を10％以上保有する日本法人・居住者に適用されますが、④の適用除外基準が設けられています。平成22年度税制改正前は、株式保有の基準が5％以上であり、基準が多少緩和されました。

　②　外国関係会社

　日本の親会社等によって50％超の株式を直接・間接に保有される外国子会社は外国関係会社と呼ばれます。ここで親会社「等」とあるのは、親会社とは別の日本法人や日本の居住者（個人）も50％超の判定においてカウントされるためです。例えば、ある外国子会社Ｘの株式を日本法人Ａ社が40％、日本法人Ｂ社が25％、日本法人Ｃ社が5％、外国法人が30％を保有していたとします。この場合、各社単独では50％を超えて保有していませんが、日本法人ＡからＣ全体では70％を保有しているので、Ｘは外国関係会社に当たりま

す。そして、C社は10％以上の株式を保有していませんので、①により合算課税は行われません。10％以上の株式を保有しているA社とB社については、保有割合に応じてCFC税制の対象となります。

また、別の例として、日本法人が外国法人との間で50：50の持分比率により国外で合弁会社を有する場合、日本法人の持分は50％超とならないものの、合弁相手である外国法人の株主に一株分でも日本法人（あるいは日本の個人株主）がいれば、合計50％超となり、その合弁会社は外国関係会社に該当してしまうため、注意が必要です。しかし、合弁相手が上場会社の場合、すべての株主を調べるのは事実上、不可能といえます。

③　除外・閾値

外国関係会社が法人の所得に対して課される税が存在しない国・地域に本店を有する場合（無税国基準）、もしくは、トリガー税率が20％未満である場合、④の適用除外基準の判定に進みます。言い方を変えれば、その外国関係会社の租税負担割合が20％以上となる場合は、合算課税は生じません。

無税国及び租税負担割合が20％未満となる国に所在する外国関係会社を特定外国子会社等と呼びます。

④　適用除外基準

上記の要件を満たしたとしても、日本のCFC税制の目的は租税回避防止であるので、特定外国子会社等の存在に経済的合理性が認められれば、合算課税を行う必要はありません。

そこで、(1) 事業基準（主たる事業が株式・債券の保有や航空機・船舶の貸付け等一定の事業に該当しないこと）、(2) 実体基準（主たる事業に必要な固定施設を本店所在地に有していること）、(3) 管理支配基準（その事業の管理、支配をその本店所在地国において自ら行っていること）、(4) 非関連者基準（卸売業等で取引の過半を関連者以外の者と行っていること）もしくは所在地国基準（製造業等で事業をその本店所在地で行っていること）をすべて満たす外国子会社は、原則としてCFC税制の適用除外となります（適用除外基準をすべて満たした場合には、資産性所得合算課税がなされるか検

討されます）。

　なお、事業基準に関連して、株式等の保有を主たる事業とする外国子会社であっても、他の外国法人の事業活動の総合的な管理及び調整を通じてその収益性の向上に資する業務（統括業務）を行っている場合は、（1）の事業基準の「株式の保有」に当たらないとされます。この統括業務を行う会社（統括会社）に関する規定は、近年、日本企業がグローバル経営の観点から地域ごとに統括会社を設置し、商流の管理や間接部門の合理化等を行っているため、これらについて租税回避目的ではなく、経済合理性があるものと判断し、平成22年度の税制改正で導入されました。

　上記の適用除外基準を1つでも満たさない場合には、対象となる特定外国子会社等のすべての所得を合算課税することになります。

Q52.
日本の現在のCFC税制ではどのように資産性所得合算課税を行うのですか

> **Point**
> 配当や債券利子、知的財産権使用料等、人為的に付け替えられやすい所得について、事業の性質上欠くことができない業務から生じたものを除いて、合算課税します。

①親会社、②外国関係会社、③除外・閾値に関する基準を満たし、④適用除外基準をすべて満たした場合でも、特に租税回避のおそれが強い所得については、別途、所得ごとに合算対象となるかどうかを判定する資産性所得合算課税が平成22年度税制改正で導入されています。

具体的には、株式保有割合10%未満の株式等の配当、債券利子、債券償還差益、株式譲渡対価、債券譲渡対価、知的財産権使用料、船舶・航空機貸付対価に関する所得は、親会社から軽課税国等に設立された外国子会社に租税回避目的で人為的に付け替えられやすいものであることから、事業の性質上欠くことができない業務から生じたものを除いて、合算課税することになります。所得ごとにCFC税制の適用対象となるかどうかを判定していることから、この部分についてはトランザクショナル・アプローチの考え方に基づいて課税を行っているといえます。ただし、資産性所得に係る収入全体の合計金額が1,000万円以下である場合には適用除外となるデミニマス基準（少額除外基準）が定められています。

Q53.
BEPS最終報告書ではどのような内容が勧告されたのですか

> **Point**
> 勧告は、各国の柔軟な制度設計を許容するものです。どのような制度を整備することが望ましいのかについて、6つの構成要素に分けて提案しています。

　BEPS最終報告書は、各国の異なる政策目的等に応じて、CFC税制の柔軟な制度設計を許容する勧告となっており、分類上はベスト・プラクティスです。そのため、BEPS最終報告書は、何か1つの制度をモデルとして示し、共通する制度の導入を各国に求める内容にはなっていません。もっとも、CFC税制を6つの構成要素に分けて詳細に分析していますので、これまでCFC税制がなかった国にとっては、どのような制度を整備することが望ましいのかについて、有用な指針となるでしょう。日本でも、CFC税制の見直しが行われる場合には、これらの構成要素をもとに検討が進められる可能性があります。

　勧告がなされた6つの構成要素とは、①対象となる外国子会社、②適用除外基準、③合算対象所得の定義、④合算所得の計算ルール、⑤親会社所得への合算方法、⑥二重課税の排除です。これらの構成要素を組み合わせることにより、企業や課税当局の事務負担に配慮しつつ、適切に合算対象所得を絞り込み、生じた二重課税を排除することで、BEPS対策の観点で効率的な制度にすることを提案しています。

①　CFC税制の対象となる外国子会社

　基本的に親会社等が直接・間接に法的・経済的持分を50％超保有している外国会社（外国子会社等）がCFC税制の対象となります。50％超の持分があれば、親会社が子会社を支配し、意思決定を左右できるからです。

②　適用除外基準

　外国子会社等の租税負担割合が一定水準（トリガー税率）を上回る場合には、CFC税制を適用しないことが勧告されています。

外国子会社等の税負担割合がトリガー税率を下回るほどに低い場合には、特に租税回避目的での所得移転のおそれが高いため、その子会社の実態を厳密に見ていく必要がありますが、上回る場合には、企業の事務負担に配慮して、その子会社をCFC税制の対象から除外しようというものです。BEPS最終報告書では特段、トリガー税率の具体的な水準について言及はありませんが、親会社所在地国の法人実効税率よりも有意に低い（meaningfully lower）水準とすることが勧告されています。

なお、適用除外基準については、トリガー税率の他、外国子会社等の課税所得が一定額を下回る場合にはCFC税制の対象外とするデミニマス基準も提示されています。ただ、デミニマス基準は、企業が十分な課税所得があるにもかかわらず、会社を分割することなどにより事業活動を細分化すれば要件を満たすことができてしまうため、これを防止するアンチ・フラグメンテーション（反細分化）ルールと組み合わせることで初めて使用可能とされています。

この他、BEPS最終報告書では、納税者の意図に着目し、租税回避の目的がある場合にのみCFC税制を適用する（租税回避目的を認定できない場合にはCFC税制を適用しない）租税回避防止ルールが紹介されていますが、租税回避目的の判断が困難であり、執行が難しいとして、推奨はされていません。

③　合算対象所得の定義

①、②により、CFC税制の適用対象となる外国子会社等の絞込みができたとしても、その外国子会社等の所得のすべてを合算してしまうと、租税回避目的ではなく、その国で適切に行っていたビジネスに由来する所得についても、合算所得に含まれてしまいます。そのため、BEPS最終報告書では、合算対象とすべき所得（以下、CFC所得）の特定方法について、3つのオプションが勧告されました。

1つはカテゴリカル分析と呼ばれるもので、配当、利子、保険所得、ロイヤルティ等、一般的に所得移転の蓋然性が高いとされる所得を法的形式等に

基づき分類し、そのうち一定のものを合算する方法です。もう1つは実質分析と呼ばれるもので、実質的な経済活動が伴っている所得かどうかで合算の有無を判定するものです。3つ目は超過利得分析と呼ばれる米国政府の主導する方法で、外国子会社等の所得のうち、通常所得を超えるとされる部分を一定の算式によりいわば機械的に抽出し、超過利得として合算するものです。BEPS最終報告書では、これらを単独または複合的に用いて、CFC所得を特定することとしています。

その上で、CFC所得の合算の考え方として2つのアプローチが提唱されています。1つ目は、外国子会社等の総所得に占めるCFC所得の相対的な多寡に応じてその外国子会社等の総所得を全部合算または全部非合算とするもの（エンティティ・アプローチ）です。2つ目は、あくまでも特定されたCFC所得のみを合算するもの（トランザクショナル・アプローチ）です。諸外国の税制もどちらか一方に統一されているわけではありません。BEPS最終報告書では、これらを並列的に位置付けており、各国が国内の政策的枠組みと整合性のある方法を策定できるとしています。

このように、勧告が選択肢の提示に留まっているのは、合算対象所得の定義がCFC税制の構成要素のなかでも核心部分であり、各国の見解が相違したからです。

④　合算所得の計算ルール

企業及び課税当局の事務負担を軽減すべく、外国子会社等の所在地国の法令ではなく、親会社所在地国の法令に基づき合算所得を計算することが勧告されました。

⑤　親会社所得への合算方法

合算所得は、外国子会社等に対する親会社の持分割合に応じて合算されることとなります。例えば、親会社が子会社株式を60％保有している状況において、子会社のCFC所得が200の場合、120が合算されるということです。

また、課税当局の執行の簡便性や事業者のコンプライアンス・コストの観点から、外国子会社等に対する持分が一定以下の場合には、親会社所得に合

算しないとする最小支配基準を設けることも推奨しています。

⑥　二重課税の排除

　合算課税がなされた場合、外国子会社等の所在地国と親会社の所在地国で同一所得に対する二重課税が発生するため、BEPS最終報告書では、二重課税を排除・調整することが重要であると強調されています。具体的には、外国子会社等が納付した法人税額を親会社が自ら払ったと見なして親会社の法人税額から控除できる外国税額控除制度が勧告されています。また、合算課税された外国子会社等からの配当に対する親会社での課税免除、外国子会社等の株式を譲渡した場合の譲渡益に関する手当も推奨されています。

　なお、今後、CFC税制を導入する国が増えてくると、1つの外国子会社等に対し、複数国がCFC税制を適用する局面が想定されます。BEPS最終報告書では、そのような場合、CFCに資本関係で近い国から順に二重課税を調整する必要があると指摘しています。

Q54.
日本の経済界の主張はどのように反映されているのですか

> **Point**
> CFC税制について、各国の制度を画一的に収斂させることは困難である旨を主張した結果、各国の柔軟な制度設計を許容する勧告になりました。

　2015年4月に公表されたOECDの公開討議草案に対し、経団連として意見を提出しています。

　意見では、BEPS対策の観点から真に効果的・効率的なCFC税制を構築し、企業間の競争条件を均衡化する観点から、OECDの取り組みを支持すると表明し、まずは不十分なCFC税制を有する法域における制度の見直しをすべきと主張しました。その上で、二重課税の確実な防止・排除のため、できるだけ各国のCFC税制の差異を最小化することが理想としつつも、各国の制度を画一的に収斂させることは困難であり、あくまでもBEPS対策の観点から実質的に有効なCFC税制についての考え方を整理すべきと主張しました。

　また、効率的なBEPS対策という政策目的を達成するための手段としては、（日本のCFC税制の根幹である）エンティティ・アプローチを含め多様な考え方を容認すべきだと意見しました。

　BEPS最終報告書の内容は、結果的には、この経団連の主張に沿った各国の柔軟な制度設計を許容する勧告となっています。

Q55.
日本のCFC税制は今回の勧告を受けて改正されるのですか

Point

改正の方向性については、今後議論されることとなりますが、租税回避とは何かなど簡単には結論が出ない点もあります。

　平成28年度与党税制改正大綱では、「外国子会社合算税制については、喫緊の課題となっている航空機リース事業の取扱いやトリガー税率のあり方、租税回避リスクの高い所得への対応等を含め、外国子会社の経済実体に即して課税を行うべきとするBEPS最終報告書の基本的な考え方を踏まえ、軽課税国に所在する外国子会社を利用した租税回避の防止という本税制の趣旨、日本の産業競争力や経済への影響、適正な執行の確保等に留意しつつ、総合的な検討を行い、結論を得る」とされています。

　これまでの項目で述べたとおり、BEPS最終報告書では、各国の異なる政策目的等に応じて、CFC税制の柔軟な制度設計を許容するものとなっています。

　一方で、現行のCFC税制は、一部、過剰合算が生じているほか、導入後に様々な改正が繰り返されてきたため、内容が複雑なものになっており、制度を簡素化する必要性が指摘されています。見直しを検討するにあたっては、企業の競争力強化に配慮するとともに、課税当局の執行コストのみならず、企業のコンプライアンス・コストが過度に発生しないように十分留意する必要があるでしょう。

　また、大綱で指摘されたとおり、CFC税制の目的が租税回避防止にあるならば、租税回避とは何かということを十分に考える必要があります。しかし、OECDのBEPSプロジェクトでも租税回避とは何かについては明確に定義されていません。日本においても租税回避の内容は明確化されていないため、法制化は容易ではありません。

　さらに、平成21年度の税制改正における外国子会社配当益金不算入制度の

導入により、CFC税制は租税回避防止が目的と捉えられるようになりました。租税回避の目的と関連して、移転価格税制との関係をどのように整理するかも課題となる可能性があります。

このように、仮にCFC税制を見直す場合には、論点は多岐にわたります。引き続き、CFC税制の動向について、十分に注意を払うことが必要です。

Q56.
日本の経済界からみたCFC税制の課題は何ですか

> **Point**
> 航空機リースやキャピタルゲインに対するCFC税制の適用の見直し等、喫緊の課題については早急に制度を見直すべきです。

　経団連をはじめ日本の経済界はCFC税制の見直しについて、これまでに多くの要望をしてきました。

　とりわけ、喫緊の課題として考えられるのは、航空機等のリースです。特定外国子会社等が行う航空機等のリースについては、適用除外基準のなかの事業基準において、「船舶若しくは航空機の貸付けを主たる事業」として行っている場合は、適用除外基準を満たさないことが明示されています。しかし、諸外国のCFC税制では実体のあるリース事業等に対して適用除外基準が設けられています。日本企業グループが行うリース事業にのみ、その中身が租税回避的なものかどうかを問わず、一律にCFC税制の合算課税の対象となることは、日本のリース業の国際競争力にもかかわるため、実態に合った基準に見直すべきと意見しています。

　平成28年度与党税制改正大綱において、航空機のリースは、「BEPS（税源浸食と利益移転）プロジェクト最終報告書の基本的な考え方を踏まえ、軽課税国に所在する外国子会社を利用した租税回避の防止という本税制の趣旨、日本の産業競争力や経済への影響、適正な執行の確保等に留意しつつ、総合的な検討を行い、結論を得る」とされており、平成29年度の税制改正で何らかの制度上の手当てがなされることが期待されているところです。

　また、キャピタルゲインに対するCFC税制の適用の見直しも重要な課題です。現状、日本企業が海外の多国籍企業グループを買収した場合に、自社グループとのシナジー効果をより促進すべく、買収先の多国籍企業グループを再編することがあります。このときに、株式譲渡益等のキャピタルゲインが発生する場合がありますが、このキャピタルゲインは日本の課税ベースを

浸食しておらず、また、租税回避を目的として生じたものではないことは明らかです。そのため、このようなキャピタルゲインはCFC所得の合算対象から外すべきというのが経団連の考えです。

　この他、外国法人との間で合弁会社を設立し、それぞれの持分が50％ずつである場合について、現行のCFC税制では、日本に所在する親会社等（資本関係のない会社も含む）によって50％超の株式を直接・間接に保有される外国子会社が制度の対象とされている関係から、外国法人の株主に日本企業が存在する場合は、CFC税制の適用がなされるおそれがありますが、その判別は容易ではありません。そのため、何らかの少数株主排除措置を導入すべきと意見しています。

　さらに、CFC税制で課税対象となる日本法人の株式保有割合の要件（**Q51**参照）について、引上げを検討すること、及び、トリガー税率のあり方の見直し（税率の引下げや、無税国に所在する会社についても所在地国以外で課税を受けることがあるため、法人としての租税負担割合をもとにCFC税制の適用の有無を判定すべきこと）、二重課税の排除措置の拡充、適用基準の見直しも意見しています。

　これらについて、今後のCFC税制の検討のなかで早急に対処されるべきと考えています。

第2編◆企業へのインパクト

コラム4　コーポレート・インバージョン

　CFC税制との関係でコーポレート・インバージョンが話題になることがあります。コーポレート・インバージョンとは、自国に本拠を置く多国籍企業グループが外国に法人を設立し、この外国法人がその企業グループの最終的な親会社になるよう組織再編を行うことをいいます。

　コーポレート・インバージョンは、とりわけ、法人税率の高い国から軽課税国へ本社を移す場合に、租税回避に当たるのではないかとして問題となります。近年では、法人税率の高い米国から、米国企業がコーポレート・インバージョンを活用して、海外に本社を移そうとする動きがみられます。2015年には、世界的な製薬企業であるP社が、アイルランドに本社がある企業を買収するとともに、アイルランドに本社を移すことを検討しているという報道がなされ、結果的に撤回されたものの米国での課税逃れにつながることから、反発する声も目立ちました。

　日本では、会社法において三角合併が解禁されたことに対応し、平成19年度の税制改正でコーポレート・インバージョン対策合算税制を導入しています。現行の日本のコーポレート・インバージョン対策合算税制では、日本企業の株主が、軽課税国に所在する外国企業を通じて日本企業を支配する場合で、一定の条件を満たした場合には、株式の持分割合に応じて、外国企業の所得を合算することとしています。

　なお、コーポレート・インバージョン対策合算税制とCFC税制がどちらも適用できる場合には、CFC税制の適用が優先されることとなります。コーポレート・インバージョン対策合算税制はCFC税制を補完する制度になっているといえます。

第5節　移転価格と価値創造の一致（行動8～10）

Q57.
OECD移転価格ガイドラインとは何ですか

Point
> 移転価格税制に関する各国課税当局及び納税者の解釈指針としてOECDの租税委員会が取りまとめているものです。強制力はないもののOECD加盟国が事実上遵守すべき規範としての役割を有しています。

　現在、世界全体の取引における関連者間取引の比重は大きくなっており、その取り扱う品目や提供する役務も多岐にわたります。複雑化する企業活動の実態をどう把握し、関連者間取引の課税関係を規定するかは困難な作業であり、解釈指針としてのOECD移転価格ガイドライン（移転価格ガイドライン）の重要性は増しています。

　移転価格ガイドラインは全9章からなり、第1章は独立企業原則について定めています。移転価格が適切であるか否かを判断するには独立企業間で行われた取引との比較が重要であると指摘した上で、正確な比較のためには、まずは関連者間取引の商業上・資金上の関係を特定する必要があるとし、その分析枠組みを提供しています。

　第2章では移転価格算定方法について、第3章では比較対象取引との比較の方法について定めています。第4章では、移転価格に関する紛争の回避・解決のための手法について記述があります。続く第5章が文書化です。

　第1章～5章が移転価格ガイドラインの本編といえるもので、第6章以降が応用編です。第6章は独立企業原則を無形資産の関連する取引にどのように適用するのかということを扱っています。第7章はグループ内で役務提供が行われた場合、第8章は費用分担取決と呼ばれる契約が締結された場合、第9章は事業再編（合併や会社分割等の組織再編税制とは別の概念であり、機能・資産・リスクが移転する現象を広く含むものです）が行われた場合の

取扱いです。

　今回のBEPS最終報告書により改訂が勧告されたのは主として第1章、第5章、第6章、第7章、第8章です。このうち、第5章の改訂は行動13（移転価格文書化）の勧告によるもので、残りは行動8〜10の勧告によるものです。本節では、特に重要な第1章と第6章の改訂に関連する部分をみていくこととします。

第5節　移転価格と価値創造の一致（行動8〜10）

Q58.
移転価格税制ではこれまでどのような問題が生じていたのですか

Point

「キャッシュ・ボックス・スキーム」による課税逃れが生じていました。また、リスク分析の手法を含め、移転価格ガイドラインの充実が必要となっていました。

　これまで一部の多国籍企業は、移転価格を調整して軽課税国に利益を移転し、グループ全体として節税を図っていました。とりわけ問題とされていたのがキャッシュ・ボックス・スキームと呼ばれるものです。特段の経済活動は行わないものの資金は豊富である子会社（キャッシュ・ボックス）を軽課税国に設置し、そこに無形資産の法的所有権や契約上のリスクを帰属させ、利益を集中させる手法であり、このスキームへの対応が今回のBEPSプロジェクトが始まったきっかけの1つとされています。

　もっとも、移転価格課税をめぐる争いは、法人税の高い国（多くは先進国）と軽課税国の間のみならず、法人税率が同程度である先進国間でも生じていました。各国の移転価格課税に対する立場の違い等に起因するもので、かなり多額の課税事案も発生しています。

　移転価格税制においては、独立企業原則に基づき、同じような状況にある独立企業の価格や利益と比較することになりますが、そもそもこの比較対象をどう取るかはかなり難しい問題です。比較対象との差異があれば、それを調整することになりますが、調整の可能性、調整の方法、調整できない場合の対応の仕方等、様々な問題があり、適正な価格や利益を算定することは容易ではありません。独立企業原則は、概念こそ明快で理解しやすいのですが、実際に適用するとなるとかなり難しい問題に直面します。

　また、独立企業原則の適用に当たっては、企業が果たした役割（機能）について、使用する資産、引き受けるリスクを含めて分析・検討することになりますが、リスク分析についてはこれまであまり詳細に議論されることがな

く、その分析手法は明確になっていませんでした。

　一方の国で移転価格課税が行われれば、相手国がそれに対応して関連企業の所得を減額しなければ二重課税が生じることになります。しかし、移転価格は、客観的に正しい所得額が算定されるものではないため、一方の国の課税をそのまま相手国が認めることは稀です。企業にとっては、二重課税のリスクが極めて大きくなります。

　そのため、移転価格税制の実施に当たって、課税当局間の意見の差異をできる限り小さくする必要があり、移転価格ガイドラインを充実させることが不可欠となっていました。各国としては、BEPSに効果的に対応するため、また、移転価格税制の機能強化の観点から、移転価格ガイドラインを抜本的に改訂する必要に迫られていたということです。

第5節　移転価格と価値創造の一致（行動8～10）

Q59.
BEPS最終報告書ではどのような内容が勧告されたのですか

> **Point**
> 「移転価格の結果と価値創造の一致」との原則が打ち出されました。

　「移転価格の結果と価値創造の一致」、すなわち価値創造（value creation）のあるところに利益をつけるべきである、という原則が打ち出されました。この原則を無形資産の関連する取引に当てはめるとどうなるのか、ということを検討したのが行動8であり、契約上のリスク配分や資本の豊富な子会社との関係ではどう考えるかということを分析したのが行動9です。**Q58**で紹介したキャッシュ・ボックスは、無形資産の開発等を行っておらず、また、リスクを支配していないことから、価値創造を行っているとはいえず、不相応な所得はキャッシュ・ボックスに帰属しないと結論付けられました。

　一方、行動10では、多国籍企業グループ内の企業が相互に貢献し合い、より大きな利益を生み出している場合に、価値創造に合致した最適な課税手法として期待される取引単位利益分割法の適用の可能性の検討をしています。

　次のQからBEPS最終報告書でなされた勧告について説明していきます。まず、比較的総論的な内容となっている行動9からみていきます（行動9：**Q60**、**Q61**、行動8：**Q62〜Q65**、行動10：**Q66**）。

Q60.
行動9（リスクと資本）について、どのような勧告がなされたのですか

Point

国外関連取引におけるリスク分析に関するガイダンスが拡充されました。

Q58では、国外関連取引に独立企業原則を適用する際、企業が果たした役割（機能）について、使用する資産や引き受けたリスクを含めて検討することになると説明しましたが、行動9では、リスク分析に関するガイダンスが拡充されました。この結果、OECD移転価格ガイドラインの第1章（独立企業原則）が大幅に改訂されます。

およそ企業が事業を行う際にはリスクがつきものです。多額の研究開発投資が商品化に結びつかないかもしれません。予期せぬトラブルによって生産ラインの停止やサプライチェーンの寸断が生じる場合もあります。満を持して投入した新製品がライバル会社の新製品によって陳腐化することもあるでしょう。場合によっては製品に不具合が生じ、リコールが生じるかもしれません。

ただ、企業はこれらリスクを引き受けるからこそ、利益を得ることができます。ハイリスク・ハイリターン、ローリスク・ローリターンとの言葉が示すように、リスクの引受けと利益の帰属には対応関係があると考えられてい

図表20◆契約上のリスク配分（為替リスク）

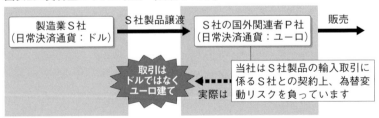

ます。

　しかし、リスクとはなかなか可視化できず、資産と比べ特定が難しい概念です。こうしたリスクの特性を利用し、本当はリスクを引き受けていないにもかかわらず、契約上リスクを負っているようにみせかけ、それに対応する利益をグループ内の特定の企業に配分しようとする多国籍企業が現れるかもしれません。

　例えば、図表20のとおり、製造業であるS社（日常決済通貨：ドル）が自社の製品を国外関連者であるP社（日常決済通貨：ユーロ）に販売するというケースにおいて、契約では取引に関する為替変動リスクはP社が負うとされていたとします。この場合、P社が為替変動リスクを負うからこそ、例えばS社からの製品の仕入れ価格が比較的有利に（低く）設定され、P社は多くの利益を計上できるのかもしれません。

　しかし、この事例において、仮に実際の製品の決済通貨が（ドルではなく）ユーロであったとするならば、P社はなんら為替変動リスクを負っていないにもかかわらず、契約上はそのリスクを負っていることになります。すなわち、契約上のリスク配分と実際のリスク引受けが異なっています。

　もちろん、この例は比較的単純です。調査をすれば実際の決済通貨の情報は直ぐに分かるからであり、難しい事案ではありません。ところが、キャッシュ・ボックス・スキームに対してはあまり有効な対抗手段がなく、BEPS

図表21◆契約上のリスク配分（キャッシュ・ボックス）

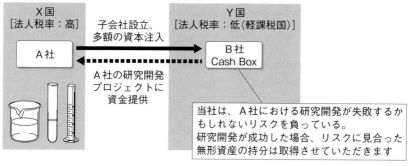

が生じていました。

　例えば、図表21のとおり、比較的法人税率の高いＸ国にあるＡ社が軽課税国であるＹ国に子会社Ｂを設置し、多額の資本注入を行ったとします。その資金を元手に、Ｂ社はＡ社が実施している研究開発プロジェクトに資金提供を行います。そしてＢ社は、資金提供を行っている以上、研究開発が失敗するかもしれないリスクを負っていると主張し、研究開発が成功した場合には、リスクに見合った報酬ということで、創造された無形資産の持分を取得し、それを元手に多額の収益を計上するかもしれません。

　この場合において、現在の移転価格税制の枠組みでは、Ｂ社がリスクを負っていないということを課税当局が有効に主張できないという問題がありました。そこでBEPS最終報告書では、ある企業が契約上リスクを引き受けている、または、資本を提供しているという理由だけでは、不適切な利益がその企業に帰属することがないよう明確化をするためにOECD移転価格ガイドラインを改訂することとなりました。

　具体的には、ある企業にリスクが配分されているといえるためには、その企業が①リスクを支配し、かつ、②リスク引受けのための財務能力を有することが必要であると明確化されました。リスクが顕在化し、損失が生じるような場合において、それを金銭的に補てんできるだけの能力がなければ、リスクを引き受けることができないので、財務能力は重要です。ただ、キャッシュ・ボックスとの関係で重要なのはリスクの支配です。

　リスクを支配しているというためには、概念的には、リスクを伴う事業機会を引き受けるか否かの決定を行う権限を有し、それを実際に行使することが必要であり、かつ、その引き受けたリスクに対応するか否か、対応する場合にはどのように対応するかを決定する権限を有し、それを実際に行使することが必要ということになります。

　これを上記の例に当てはめると、キャッシュ・ボックス子会社たるＢ社がＡ社における研究開発プロジェクトへの参加というリスクの伴う事業機会を引き受けるか否かの決定を行う権限を有し、実際に行使しているかなどの分

析（機能分析）を行うことになるわけですが、B社は通常、ペーパー・カンパニーとはいわないまでも、税目的で設立されて、A社の意のままに操作される会社でしょうから、決定の権限もなく、行使もしていないということになるでしょう。結果、B社が得られるリターンは、およそA社で創成された無形資産の持分などという高価なものではなく、無リスクに対応するリターン（リスク・フリー・リターン、せいぜい国債利回り程度）となります。

なお、BEPS最終報告書では、このようなリスク分析は、実際には6つのステップを踏むこととされました。第1は、経済的に重要なリスクの特定です。上記の例だと、A社における研究開発が成功しないリスクでしょうか。第2は、契約上のリスク引受けの状況です。この場合、B社は契約上、リスクを引き受けていると主張していることでしょう。第3はリスクに関連した機能分析です。B社は研究開発が成功しないリスクを何ら支配していないことが明らかになり、ただ資金を提供しているだけであることが明らかになります。第4は、契約上のリスクの引受けと実際の行動との整合性の検証です。契約と実際の行動が整合していないことが判明するでしょう。第5は適切なリスク配分です。この場合、B社を意のままにコントロールしているA社にリスクが配分されることでしょう。第6はリスク配分を踏まえた対価の修正です。B社が享受するリターンは無形資産の持分などではなく、提供した資金に国債利回りを乗じた程度のみとなるでしょう。

なお、このように、関連者間の契約を移転価格分析の開始点としつつも実際の行動で検証することをBEPS最終報告書では「実際の取引の正確な描写」と呼んでいます。通常はこの作業が終われば、あとは取引の価格付けの問題だけとなりますが、例外的に取引自体が否認されることもあります（**Q61**参照）。

Q61.
取引の否認 (Non-recognition) とは何ですか

Point
独立企業間ではみられず、かつ、商業合理性がない国外関連取引については移転価格税制上、無視するというものです。

　これまで、独立企業間では行われない、また滅多に行われることのないような取引、すなわち商業上の合理性のない取引によって軽課税国にあるグループ内の関連企業に利益が移転されることがありました。そこで、BEPS最終報告書では、関連企業間の取引に商業上の合理性がない場合には、移転価格の判断において、この取引を例外的に無視（否認）することを認めています。

　例えば、BEPS最終報告書では図表22のような事例において否認があり得るとしています。ここで、製造業を営むS1社は多数の在庫を有し、工場・機械に多額の投資を行っています。そして、それら商業資産が所在する地域では、近年、頻繁に洪水が起こるようになっており、その結果、この地域では活発な保険マーケットが存在していません。こうしたなか、国外関連者であるS2社がS1社に保険を提供します。年間の保険料は在庫や資産等の価値の80％とされ、S1社によって支払われます。

　この事例では、S1社・S2社のいずれにとっても、商業的に非合理な取引

図表22◆否認される商業合理性のない取引

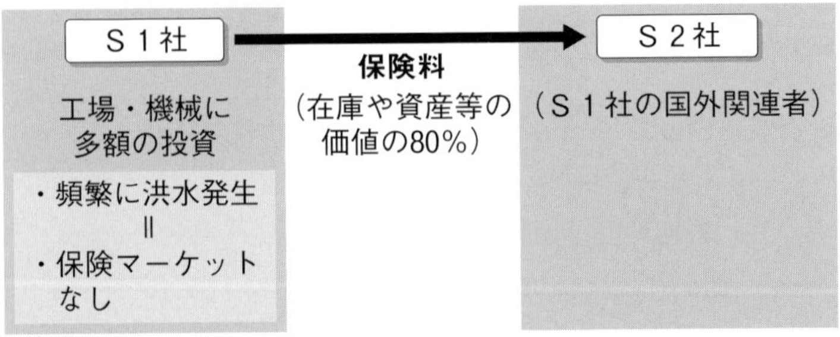

が行われたといえます。なぜならば、保険マーケットが存在しないなかで、S2社は保険を提供すること自体が非合理であり、そのような状況においては、S1社は、工場の移転等を検討することが、より魅力的かつ現実的な代替案といえるからです。取引が非合理であるゆえ、S1社にとってもS2社にとっても受入可能な価格は存在しません。

　この取引はS1社所在地国の課税当局によって否認されることになり、保険契約がそもそも無かったと扱われます。すなわち、S1社は保険を購入せず、S2社への保険料支払によって所得が減じることはなかったとされます。また、S2社は保険を発行せず、よって保険金請求に対する責任がないものと扱われます。

　もっとも、S2社所在地国の課税当局が否認の効果を必ずしも受け入れるわけではありません。このように否認は、二重課税の原因となり得るものであり、極力慎重に判断すべきものです。否認判断における重要な点は、取引が比較可能な経済環境で非関連者間での取引と比較して商業上の合理性を有するかどうかであって、同じ取引が独立企業間でみられるかどうかではありません。言い方を変えれば、独立企業間ではみられないかもしれなくても、商業合理性があれば、取引が否認されることはないということです。

Q62.
行動8（無形資産取引に係る移転価格ルール）について、どのような勧告がされましたか

> **Point**
> 無形資産の定義付けが行われるとともに、無形資産に関するリターンの帰属、価格の算定方法についてガイダンスが拡充されました。

　知的財産権等の無形資産は、それぞれがユニークであり、また、企業グループ内で取引されることが多いことから、比較可能な独立企業間取引のないケースが多く、適正価格の算定が困難です。このため、無形資産を軽課税国に所在する経済実体のない関連会社に低い対価で移転し、そこで多額の利益をあげることで節税する多国籍企業がありました。

　そこで、BEPS最終報告書では、無形資産の定義付けを行うとともに、無形資産に関するリターンの帰属や価格の算定方法についてガイダンスを充実させることになりました。この結果、移転価格ガイドラインの第6章（無形資産に対する特別の配慮）は全面的に改訂されることになります。

　なお、行動8に対応して、ガイドライン第8章（費用分担取決）も改訂されることになるのですが、基本的な考え方は新しい第6章と同様であること、また、日本企業にとっての現時点での重要性に鑑み、説明は省略します。

Q63.
無形資産はどのように定義付けられたのですか

> **Point**
> 無形資産については、定義として幅の広い概念を採用しつつ、何が具体的に該当するかについて例示するという構成がとられました。

　無形資産については、BEPSプロジェクトが本格稼動する前からOECDで議論されており、その作業が行動8～10に引き継がれたという側面があるのですが、抽象的な概念を扱うだけに、関係者からは様々な意見が出されていました。定義の問題もその1つです。

　企業からは、課税関係を安定化させる観点から、無形資産の定義はできるだけ明確にすべきとの主張がなされていました。他方、課税当局においては、あまり明確化し過ぎて限定列挙のような形になると、外縁部分でタックス・プランニングの余地が生じるのではないかという懸念がありました。

　このような議論を踏まえ、BEPS最終報告書では、無形資産の定義について幅の広い概念を採用しつつ、何が無形資産に該当するか（あるいはしないか）について、限定列挙ではなく「例示」するという構成がとられました。具体的には、無形資産とは「有形資産または金融資産ではないもので、商業活動における使用目的で所有・管理でき、比較可能な独立当事者間取引で使用・移転するときに対価が支払われる資産」であると定義された上で、特許、ノウハウ・企業秘密、商標・商号・ブランド、契約上の権利等が例として該当するとされました。

　一方、低コスト国で事業活動を行う場合に生じるメリットであるロケーション・セービング等の市場固有の特徴、規模の利益や統合マネジメントのメリットがある場合のグループ・シナジーについては、所有・管理することができないことから無形資産に当たらないとされました。議論のあったのれん・継続企業の価値については、無形資産に該当するかは明示されていません。

第2編◆企業へのインパクト

なお、これまでの移転価格分析では、商業上の無形資産とマーケティング上の無形資産、あるいはソフトの無形資産とハードの無形資産といった区分が行われることがありましたが、BEPS最終報告書では、これらの区分は一般的な概念の整理においては便宜であっても、移転価格分析のアプローチに影響を与えるものではないとされました。

　ところで、移転価格税制においては、OECD移転価格ガイドラインとは別に、開発途上国の利害を反映した国連移転価格マニュアルがありますが、その第10章（諸国の慣行）では、ブラジル、中国、インド、南アフリカの考え方が記載されています。例えば、中国はロケーション・セービングを重視し、国外関連取引に関する利益は中国においてより多く計上すべきことを強調しています。BEPS最終報告書のうち行動8〜10については「既存のスタンダードの改正」とされており、ミニマム・スタンダードに比べ拘束力が弱いと考えられます。中国等の新興国が、改訂後のOECD移転価格ガイドラインの内容を遵守するのか、あるいは、国連移転価格マニュアルに記載された従来の立場を維持するのか、注目されます。

コラム5　のれんと無形資産

　BEPS最終報告書では、移転価格税制上考慮すべき無形資産に、のれんが含まれるかどうかについて明確な答えは示されていません。なお、会計上は、例えば、IFRS（国際財務報告基準）では、のれんと無形資産とは峻別することとされています。

　法人税の所得計算において無形資産やのれんを考慮することになっていますが、法人税法上の取扱いが、日本における無形資産の絡む移転価格税制を考える上で、一つの参考となります。もっとも、移転価格税制上の考慮すべき無形資産やのれんと、法人税の所得計算において考慮すべき無形資産やのれんとでは、その範囲も異なる可能性もあるので、注意する必要があります。現行においては、法人税法における無形固定資産、合併等の組織再編によって生じるいわゆる（差額）のれんに対応する資産調整勘定、従来のれんに対応するものと考えられていた営業権等の区分に明確でない部分が存在し、さらに、会計における無形資産と法人税法における無形固定資産等との対応関係も明確ではありません。今後、法人税における概念についても整理されることが待たれます。

Q64.
無形資産に関するリターンの帰属について、どのような内容が勧告されたのですか

Point

各企業は、無形資産の開発・改善・維持・保護・使用に伴い創造した価値に基づき、リターンを受けることとされました。

　多国籍企業グループを構成する各企業は、単に法的所有権を有するのみでは、必ずしも無形資産に由来する収益の配分を受けることができません。無形資産の開発（Development）・改善（Enhancement）・維持（Maintenance）・保護（Protection）・使用（Exploitation）に伴い創造した価値に基づき、リターンを受けることとされました。創造した価値を検証する際、各企業が果たした機能を使用した資産、引き受けたリスクを含め、詳細に分析することとなります。なお、開発・改善・維持・保護・使用は、それぞれの英語の頭文字を繋げてDEMPE（デンピー）と呼ばれています。

　無形資産のDEMPEに関連するリスク分析の枠組みは、基本的に**Q60**で説明した内容と同様です。例えば、グループ内のある企業に対し、無形資産の開発リスクが配分されるためには、その企業がリスクを支配し、かつ、リスクを引き受けるための財務能力を備えることが必要です。また、資金を提供する企業が無形資産のDEMPEにつき何の機能も果たしていない場合には、その企業はリスク・フリー・リターン（国債利回り程度）より多くの利得を受けることはできないとされました。

　もっとも、その企業が資金提供リスク、すなわち提供した資金が弁済されないかもしれないというリスクを支配している場合には、そのリスクを支配するという機能に応じた利益を受けることができます。この場合のリスクの支配とは、例えば、資金提供先の与信審査を行うかどうかを決定する権限を有し、実際に行使していることなどが考えられます。

Q65.
無形資産の価格算定方法について、どのような内容が勧告されたのですか

> **Point**
> 無形資産の関連者間での譲渡につき、信頼できる比較対象取引が特定できない場合、その譲渡価格の算定方法として評価技法が使用可能とされました。また、評価困難な無形資産については、一定の場合、「所得相応性基準」を適用することになりました。

　知的財産権は、類似するものがないからこそ知的財産権となるので、一般的に信頼できる比較対象取引を特定するのが困難です。そこでBEPS最終報告書では、そのような場合における関連者間での無形資産の譲渡価格の算定方法として、評価技法（valuation technique）が使用可能とされました。具体的には、DCF法（Discounted Cash Flow）、すなわち無形資産から生じる将来キャッシュ・フローを現在価値に割り引いたものをもって、その無形資産の譲渡価格とすることを認めるというものです。

　また、いわゆる「所得相応性基準」と呼ばれるルールがOECD移転価格ガイドライン第6章に組み込まれることになりました。米国やドイツではすでに採用されていますが、OECDでも公認されるに至りました。

　譲渡時にこれまでにない新たな方法での利用が見込まれる無形資産のように、取引時点で事前の正確な評価が困難な無形資産については、事前の予測と事後の実績に著しい差異が生じると考えられます。例えば子会社に知的財産権を80万円で譲渡したものの本来の価値は1,000万円だったのではないかというQ11のアイルランドの事例が該当します。

　このような状況においては、事後の結果に基づいて事前予測の評価を行うことが考えられます。これを所得相応性基準といい、BEPS最終報告書では独立企業原則の枠内の措置であると整理されました。アイルランドの事例でいえば、取引価格は80万円ではなく、1,000万円に引き直されることになると思われます。

この課税手法は、BEPSプロジェクトの前までは後知恵であるとの批判が根強く、OECDも移転価格ガイドラインにおいて所得相応性基準を採用していませんでした。しかし、BEPSプロジェクトでは無形資産の国外移転への対応が中核的な課題となり、リスク分析や否認に関するガイダンスの整備に加え、強力な課税ツールの採用が不可欠との認識が関係国に広まっていました。一方、長年世界各国が同意し、維持してきた独立企業原則の旗を安易に降ろすことは各国の選択肢にはありません。

　そこで、BEPS最終報告書では、所得相応性基準が独立企業原則の枠内であることについて、次のような説明が行われています。すなわち、独立企業間においては、評価が困難な無形資産については、たとえ当初の譲渡価格を保守的に見積もり、低く設定していたとしても、商品化の成功等、事後の結果によっては、当初の譲渡価格について再交渉を行ったり、譲渡先における売上等に連動させ、譲渡元に追加的な支払を行うという行動をとることが考えられるとしています。そうであるならば、評価が困難な無形資産について、低い譲渡価格による1回の取引で済ませてしまっているような企業がある場合には、当初の譲渡価格を再交渉したかのごとく引き直すことは、たとえ事後の結果に基づいていたとしても、独立企業原則には反しないだろうということです。

　一方で、企業にとっては予測可能性の問題があることから、BEPS最終報告書では、次のような場合には企業の当初の評価を認めることとされました。例えば、企業が取引時において価格決定のために用いた事前の予測について、リスクをどのように考慮したのかという点も含め、詳細な文書化を行い、かつ、実際に生じた差異が取引時に当事者によって予測できず価格決定後に生じた特異な事象によるものであることを示す十分な証拠を有している場合、所得相応性基準は発動されません。

　また、事前予測と実績の差異が当初対価の20％を超えない場合、または無形資産の商業化後5年が経過し、その間における差異が予測額の20％を超えない場合等にも免除されます。

今後、OECDでは2016年中に所得相応性基準の実施に関するガイダンスを取りまとめることとしています。

Q66.
行動10(他の租税回避の可能性の高い取引に係る移転価格ルール)について、どのような議論が行われたのですか

Point

取引単位利益分割法(Transactional Profit Split Method:以下PS法)の適用可能性をめぐる議論が行われました。

PS法については、BEPS最終報告書において具体的な勧告は行われませんでしたが、今後、その適用をめぐり、日本を含む先進国と開発途上国との間で議論が生じる可能性があるため、注意しておく必要があります。

OECD移転価格ガイドラインでは移転価格の算定方法として5つの手法を定めているのですが、そのうち4つは比較対象取引を分析することで、問題となっている関連者間取引に係る価格や利益を導きだそうとするものです(本Q66のコラム6参照)。残りの1つがこのPS法ということになりますが、その特徴は比較対象取引に頼らずとも一定の分割ファクターを用いて関連者間取引に係る合算利益を当事者に配分できるというものです。

多国籍企業は現在、グローバルバリューチェーンを構築して、グループ内の多くの企業が相互に携わり、貢献し合うことで、シナジー効果を創出し、より大きな利益を生み出しています。こうしたなかで、それら多国籍企業の個別の国外関連取引に関する比較対象取引がなかなか見つからないという懸念が特に開発途上国の間で強まっています。

PS法は、比較対象取引に頼らなくても済むという性質もあり、このようなグローバルバリューチェーンにおける価値創造に合致した最適な課税手法として開発途上国等から期待されています。しかし、PS法は、課税当局にとっても企業にとっても適用が容易でなく、あまり活用されていないというのが実情です。一定の分割ファクターを用いて分割するといっても、そのファクターの選択によっては、関連者に配分される利益が大きく異なるからです。仮に有形固定資産や従業員数を分割ファクターとして用いるならば、

工場の所在する開発途上国等に所得が多めに配分されるかもしれませんが、試験研究費の額で按分するならば、所得は親会社に多く落ちるかもしれません。ここは課税当局の間でも、なかなか見解が一致しないところでしょう。

　そこで、PS法が最適な算定方法となる状況を特定し、関連者間で利益を公平かつ適正に分割するためのルールを明確にする必要があるとして、OECDではPS法の適用の明確化が検討されています。もっとも、BEPS最終報告書ではPS法に関する作業は完成しておらず、2017年上半期を目処に移転価格ガイドラインの改訂作業を終了する予定とされています。

第5節　移転価格と価値創造の一致（行動8～10）

コラム6　移転価格算定方法

OECDが公認する移転価格算定方法（PS法を除く）の概要は次のとおりです。

◇独立価格比準法：比較対象取引における同種の資産の譲渡価格が100であれば国外関連取引の価格も100とするものです。

◇再販売価格基準法：国外関連者からの輸入取引を念頭においており、再販売価格から通常利潤を控除して独立企業間価格を求めます。なお、下図「修正前」は国外関連取引において当初検討していた価格等で、「修正後」は移転価格算定方法を適用した結果導かれる価格等です。「独立企業間取引」は比較対象となった企業間取引の価格等です。

（例）国外関連者⇒輸入⇒企業⇒再販売⇒他の企業

	国外関連取引		独立企業間取引
	修正前	修正後	
売上（再販売価格）	100	100	200
原価（輸入取引）	(70)	40	80
売上総利益	30	60	120
利益率（売上総利益／売上）	30%	60%	60%（独立企業間の利潤）

売上（再販売価格）100に対する利益率60％により売上総利益60。これが通常利潤。売上（再販売価格）から通常利潤を控除して求めた40が独立企業間価格

国外関連取引に係る利益率も60％である必要

◇原価基準法：国外関連者への輸出取引を念頭においており、原価に通常の利潤を加算して独立企業間価格を求めます。

（例）他の企業⇒仕入⇒企業⇒輸出⇒国外関連者

	国外関連取引		独立企業間取引
	修正前	修正後	
売上（輸出取引）	(80)	100	200
原価（仕入）	50	50	100
売上総利益	30	50	100
利益率（売上総利益／原価）	60%	100%	100%（独立企業間の利潤）

◇取引単位営業利益法：営業利益率等をもとに計算します。

（例）他の企業⇒仕入⇒企業⇒輸出⇒国外関連者

	国外関連取引		独立企業間取引
	修正前	修正後	
売上（輸出取引）	(100)	112.5 （90÷80％）	100
原価（仕入）	60	60	50
売上総利益	40	売上の80％	50
経費	30	30	30
営業利益	10		20
営業利益率（営業利益／売上）	10%	20%	20%（独立企業間の利益）

独立企業間価格といえるか？

参考文献：『よく分かる国際税務入門』〔第三版〕

Q67.
日本の経済界の主張はどのように反映されているのですか

Point
契約や無形資産の法的所有権の役割、所得相応性基準の免除基準等において、主張が反映されています。

　日本企業の多くは、キャッシュ・ボックスのような実体のない子会社に対し、契約上、形式的にリスクを負わせるような行為も、また、単に無形資産の法的所有権を移し替えるようなことも行っていないと思われます。

　ただ、これまで説明したとおり、BEPSプロジェクトでは移転価格と価値創造の一致という原則の下、今後はより企業の実際の行動をみていくとの方向で議論が進められました。とりわけ、公開討議草案の段階においては、契約や法的所有権は移転価格分析における「重要な出発点」というよりも、「単なる出発点にすぎない」とのニュアンスが色濃くでていました。

　そうすると、仮に親会社が契約上のみならず実体の伴ったかたちでリスクを負っていたとしても、また、無形資産について法的所有権のみならず開発等の機能を果たしていたとしても、進出先の課税当局が実際の行動を検証するとの名目で、様々なチャレンジを仕掛けてくることが十分に考えられます。そこで、経団連からは契約や無形資産の法的所有権を不当に軽視することのないよう指摘し、BEPS最終報告書で一定程度、反映されています。

　また、所得相応性基準については、いかに独立企業原則の枠内であるとの説明がなされるにせよ、後知恵課税であるとの印象は拭えないことから、できるだけ発動要件を絞り込むよう要請しました。その結果、公開討議草案段階では事前の予測と事後の乖離の幅について「相当の乖離」とされていたところ、BEPS最終報告書では20％と具体的な免除要件が定められました。

　PS法については、各国の課税当局による安易な適用に懸念を表明するため、2015年3月にOECDの公聴会に参加し、直接の意見陳述を行いました。その結果、拙速にBEPS最終報告書で結論を出すのではなく、継続検討とされました。

Q68.
企業としてはどのような点に注意が必要ですか

Point

価値創造の意義に関する各国の解釈の相違が懸念されます。今後、移転価格をめぐっては、一層、グループ全体としてグローバルでの目配りが必要となります。

　BEPS最終報告書は、既にOECD租税委員会での手続のみならずG20でも支持を得ましたが、Q69でみるように、一部、継続検討とされている分野もあることから、全体として正式にOECD移転価格ガイドラインに組み込まれたものとして公表されるのは多少時間が掛かる可能性があります。ただ、ガイドラインとしての性質から、特に厳密な施行日があるというものではなく、BEPS最終報告書において確定している部分については事実上、各国の執行において留意する必要があると考えられます。

　「移転価格と価値創造の一致」という原則については、独立企業原則と同様、各国課税当局・企業ともに異論がないと思われます。しかし、その原則の個別の国外関連取引への適用においては、どの企業の、どの機能が価値創造に貢献したのかという点について、解釈に幅が出てくると思われます。

　例えば、無形資産のDEMPEの問題についていえば、無形資産のライフ・サイクルのなかで、日本の企業や課税当局としては製造親会社による開発（D）にこそ価値創造の源泉があると主張するかもしれませんが、進出先国の課税当局からは、開発された知的財産権の現地子会社によるローカライズ等の改善（最初のE）、あるいは知的財産権をベースとする製品の使用（最後のE）にこそ価値創造の源泉がある、との反論がなされるかもしれません。

　このように各国で解釈に幅が出てくるため、一方の国で移転価格課税が行われると、二重課税が生じるおそれが高くなります。そうすると、加算税や延滞税はもとより、二重課税の解決のための時間的・経済的コスト、さらには風評被害等も発生する可能性があり、企業が受ける各種の負担は大きくなります。

開発途上国は自らの課税権の確保に従来以上に関心を有しているといわれています。また、行動13（移転価格文書化）により作成が求められる国別報告事項が、各国の移転価格課税を必要以上に誘発することにならないか懸念されます。

　企業は、移転価格をめぐっては、従来以上にグローバルでの目配りをすることが必要です。グループのリスク管理を親会社として的確に行うことが求められ、親会社が適切に各子会社と連携することが必要です。その際、親会社として、各国の実務動向のみならず、OECD移転価格ガイドラインの内容を十分に把握し、グローバルでの一般的な解釈のあり方、各国の考え方をできるだけ踏まえて、子会社を指導していくことが求められます。

　このようななかで、事前の紛争防止手段としてAPA（事前確認）の制度を必要に応じて活用することも考えられます。ただ、OECD非加盟国においては、未だ事前確認制度が十分に機能しない国が多く、その利用に当たっては注意が必要です。

Q69.
今後の注目ポイントは何ですか

> **Point**
> OECDにおける所得相応性基準の実施ガイダンス、及びPS法に関するガイダンスの策定作業に注目が必要です。また、国内法改正の動向にも注意が必要です。

　所得相応性基準については2016年までに実施ガイダンスが提供されることになっています。このなかで、無形資産の譲渡取引に関する事後の結果を用いた更正の方法について、それが譲渡価格そのものの引き直しなのか、譲渡先における売上に連動した分割払いのようなものになるのか、といった点を含め、ガイダンスの拡充が必要と考えられます。また、所得相応性基準の適用・非適用の事例集があると有用であると考えられます。公開討議草案が公表される場合には、経団連としてもそのような点を指摘していきたいと考えています。

　一方、PS法については、BEPS最終報告書において、高度に統合された事業においては適用の可能性があると示唆されていますが、多国籍企業は程度の差はあれ統合されていることから、何をもって「高度に統合された」とするのかなどを明確にする必要があります。また、取引の両当事者がユニークで価値ある貢献を行う場合にはPS法が適当であるとされていますが、何がユニークで価値ある貢献かについての指針の拡充が待たれます。加えて、価値創造との強い相関関係を示す利益分割ファクターの開発も有用と考えられます。2017年まで作業が続くため、注目していく必要があります。

　一方、国内法改正の動向にも注意が必要です。ひとたびOECD移転価格ガイドラインの改訂が確定すれば、一気に税制改正に進む可能性があります。そのなかで、おそらくは平成30年度税制改正以降、否認やDCF、所得相応性基準の国内法への取り込みの是非・方法も含め、議論になると考えられます。

コラム7　日本の移転価格税制の体系

　日本の法人税法は、企業の所得計算においては一般に公正妥当と認められる会計処理の基準を用いるとした上で、会計とは別の考え方が必要となる部分については独自の計算規定をおいています。例えば会計上、海外からの配当は収益にカウントされますが、法人税法ではそのような発想をとらないため、法人税法上、益金に算入しない旨の規定（外国子会社配当益金不算入）があります。

　これまでみてきた移転価格税制や外国子会社合算税制も法人税特有の考え方なのですが、規定されているのは法人税法ではなく租税特別措置法です。租税特別措置法というと一般的には研究開発税制をはじめとする政策減税が想起されますが、このような国際課税に関する規定も一緒に整備されています。違いがあるとすれば、政策減税については期限の定めがあるものが多い一方、国際課税については恒久措置であるということでしょうか。

　移転価格税制は租税特別措置法の第66条の4に定められており、移転価格ガイドラインに沿った内容となっています。移転価格算定方法の一部等については措置法の施行令に、移転価格文書化については施行規則に、それぞれ詳細が規定されています。また、移転価格税制の執行における課税当局・企業にとっての重要文献として、国税庁が定めている法令解釈通達、移転価格事務運営要領、その別冊である参考事例集があります。

　現在、国内法制化という意味では行動13（移転価格文書化）に関連する作業が先行していますが、行動8～10に対応する部分も含め、全体として移転価格ガイドラインの改訂作業が終われば、国内でも連動して一斉に法令・通達・事務運営指針が改正されることになりそうです。

第5節　移転価格と価値創造の一致（行動8～10）

第6節　有害税制への対抗（行動5）

Q70.
BEPS最終報告書はどのような内容になりましたか

> **Point**
> 知的財産権に関する各国の優遇税制について「実質的な活動」の基準が合意されました。また、他国の税源を侵食するおそれのある取決めが政府と企業の間で行われた場合は、関係する課税当局にその情報が提供されることになりました。

　各国は自らの立地競争力を強化するため、様々な優遇税制を講じています。しかし、その程度が度を越すと、他国から企業が移転するなど他国の税源が不当に浸食されかねません。そこでOECDでは、かねてより一定の基準を設けて各国の優遇税制の有害性を審査し、有害であると判定されたものについては改廃を勧告してきました。具体的には、その優遇税制が国境を越えて付け替えが容易な金融所得に対しゼロまたは低い税率を適用していないか、外国企業だけを優遇し、国内企業を差別していないか、透明性が欠如していないか、といった点を審査しています。

　行動5では、特に知的財産権に関する各国の優遇税制が審査対象となりました。この作業を進めるなかで、有害性の判定のための基準として、新たに"substantial activity（実質的な活動）"の基準が合意されたというのが、BEPS最終報告書の1つのポイントです。

　例えば現在、いくつかの国がパテント・ボックスと呼ばれる、知的財産権に起因する所得に軽減税率を適用する優遇税制を導入していますが、企業がパテント・ボックスの恩恵を享受するためには、その企業が自ら研究開発費を支出するなど、実質的な活動を行っていることが必要とされました。行動8～10における「価値創造」の議論とも通ずるところがありますが、行動5における知的財産権の優遇税制の文脈では「ネクサス・アプローチ」と呼んでいます。

この他、BEPS最終報告書では、他国の税源を浸食するおそれのある政府と企業の取決め等を広く「ルーリング」と括ることとし、透明性を高める観点から、それらを関係する課税当局に対し自発的に情報交換することを義務付けることとなりました。

第6節　有害税制への対抗（行動5）

Q71.
パテント・ボックスにおけるネクサス・アプローチとは何ですか

> **Point**
> 企業が研究開発費の支出というかたちで自ら貢献した程度に応じ、パテント・ボックスの優遇度合が変動するアプローチです。

　2013年に導入された英国のパテント・ボックスは、通常の法人税率が20%（2016年現在）であるところ、知的財産権に起因する所得については10%の軽減税率を適用するものであり、かつ、その優遇対象となる知的財産権には自己開発特許のみならず他の企業から取得した特許も含まれるというかなり大胆な内容となっています。こうしたなか、工業国であり、パテント・ボックスが導入されていないドイツから、価値のある知的財産権が英国に流出することが懸念されていました。

　この問題は両国で政治問題となったのですが、BEPSプロジェクトが進むなかで両国の政府が合意に達しました。BEPS最終報告書におけるネクサス・アプローチはその合意内容が基礎となっており、具体的にはパテント・ボックスの対象所得を次の算式により計算する場合には、有害税制には該当しないことになります。

$$\text{パテント・ボックスの対象所得} = \text{知的財産権に起因する全所得} \times \frac{\text{知的財産権の開発に要した適格支出}(A+B)}{\text{知的財産権の開発に要した全支出}(A+B+C+D)}$$

　ここで知的財産権とは特許及び同等のもの（法的に保護され承認・登録プロセスに服するもの）をいい、商標等のマーケティングIPは含まれません。また、分母及び分子のA、B、C、Dの意義は次のとおりです。

　A：企業自らが支出した研究開発費
　B：非関連者に対する委託費

C：知的財産権の他の企業からの取得コスト

D：関連者に対する委託費

また、適格支出（A＋B）の30％を上限に、C＋Dを適格支出に算入することが可能とされています。

この算式が何を意味しているかというと、他の企業から知的財産権を取得すると（C）、その分だけ分母が膨らみ、パテント・ボックスの対象所得が減るということです。関連者に対する委託費（D）も同様です。

一方、支出項目がA（企業自らが支出した研究開発費）のみである場合、分母と分子が一致し、100％の優遇が受けられます。知的財産権に起因する所得と研究開発費の「つながり（ネクサス）」をみるということです。

具体的な事例で説明します。例えばX国の法人税率は20％、パテント・ボックスの対象所得については軽減税率10％適用とします。そして、知的財産権に起因する全所得、X国α社の支出は以下のとおりとします。

知的財産権に起因する全所得：1,200

A：自らが支出した研究開発費80

B：非関連者に対する委託費20

C：知的財産権の他の企業からの取得コスト10

D：関連者に対する委託費40

$$\text{パテント・ボックスの対象所得} = 1,200 \times \frac{80+20}{80+20+10+40} = 800$$

パテント・ボックスの対象所得に対する税額＝800×10％＝80

なお、X国が適格支出（A＋B）の30％を上限に、C＋Dを適格支出に算入可能とする措置を講じている場合、適格支出の30％は30のため、上記における分数は130／150となります。

ただ、すでにパテント・ボックスを導入している国において、適用中の優遇を直ちに打ち切るのは困難です。そこで、新基準への移行については猶予期間が設けられています。BEPS最終報告書では、ネクサス・アプローチに適合しない既存のパテント・ボックスについては、2016年6月30日以降、新

規の適用を停止し、2021年6月30日以降には適用を廃止することとしています。すでに英国やアイルランド、オランダでは、既存のパテント・ボックスの見直しに向けた検討が始まっているようです。

なお、OECDは、BEPS最終報告書はパテント・ボックスの導入を各国に推奨しているものではないことを度々強調しており、租税政策・税務行政センターのプロス課長も"Not a policy recommendation but a 'box around the box'"（政策的な勧告ではなく「箱の外側の箱」、すなわち許容できるパテント・ボックスの範囲を示したにすぎない）と説明しています（OECD Webcast 2015年10月5日）。

ところで、アジア諸国等では工場や研究開発拠点を設けると法人税が安くなるなどの優遇税制がありますが、パテント・ボックスにおける議論と同様、その国で実質的な活動が行われていれば、一般的には問題がないと思われます。

Q72.
日本における税制改正との関係はどうなっているのですか

> **Point**
> 日本には現在、パテント・ボックスがありませんが、今後に備え、研究・議論はしておく必要があります。

　現在、日本には研究開発税制があります。これは、企業が支出した試験研究費の8～10%（中小企業の場合は12%）を法人税額から控除するもので、知的財産を開発する「前の」段階における優遇措置です。一方、パテント・ボックスのような、知的財産を開発した「後の」、その知的財産権に起因する所得を優遇する税制はありません。

　BEPS最終報告書では、**Q71**で説明したとおり、パテント・ボックスの導入が勧告されているわけではありませんが、「有害ではない」パテント・ボックスの意義について国際合意が得られたということも事実です。米国でも議会において一部、導入を模索する動きがあります。

　日本でも研究開発拠点としての立地競争力を維持・強化するため、パテント・ボックスを導入することが考えられますが、その場合には、現行の研究開発税制との関係、役割分担に関する検討が必要になると思われます。今後に備え、諸外国の動向を含め、研究・議論しておく必要があります。

Q73.
ルーリングの自発的情報交換とは何ですか

> **Point**
> 他国の税源を浸食する可能性のある取決めが政府と企業の間で行われた場合、関係する他国の課税当局に対しその情報を自発的に共有する仕組みです。

　BEPS最終報告書では、ルーリングとは「課税当局によって特定の納税者に提供される税務上の助言、情報、保証であり、納税者が依拠できるもの」とされました。以下の5項目がルーリングに該当し、自発的情報交換の対象となります。

① 優遇税制に関するルーリング
② 移転価格税制に関するユニラテラルAPA（事前確認）及び類似のルーリング
③ 国外の親会社に対し追加的な利払いがあったと税務上見なすなど、企業の課税所得を減額するクロス・ボーダーのユニラテラルAPA
④ PEの存在・不存在またはその帰属利得に関するルーリング
⑤ 関連者から得た収益を関連者に対する費用によって圧縮するスキーム等に関するルーリング

　ここで「ユニラテラル（単一国による）」との言葉が出てきますが、これは、クロス・ボーダーの取引において、一方の国が他方の国に断りなしに自国の企業にとって有利な条件でルーリングを発行すれば、他方の国が不利な状況に陥る可能性があるため、そのような情報は他方の国にも提供する必要があるということです。これまで、ルクセンブルク等による企業との不透明なルーリングが国際社会で問題視されていましたが、今後は状況が改善すると見込まれます。

　なお、ルーリングに関する情報は、すべての国に提供されるわけではなく、あくまでも関係のある国だけと交換されます。例えば、②の移転価格税制に関するユニラテラルAPAの情報が提供される国は、ルーリングを受けた企業と取引を行った関連者の所在する国、及びルーリングを受けた企業に

とっての究極の親会社と直上の親会社が所在する国になります。

ルーリングは、新規分については2016年4月1日以降に発行されたものが情報交換の対象となります。また、過去分については、2010年1月以降に発行されたもののうち2014年1月以降も効力を有するものについて、2016年中に交換することが求められています。

なお、日本政府は、①に代表される不透明なルーリングは行っていないとの立場です。もちろん、日本には研究開発税制等の優遇税制はありますが、法律で厳密に要件が定められており、個別の企業に対し、法律に規定されている内容を超えた優遇を与えることはありません。

ただ、②の移転価格税制に関するユニラテラルAPAは、国外の関連者との取引（国外関連取引）に関する課税関係の安定化の観点から日本において現に実施されていますので、そのような内容に限っては、日本政府発の情報として、他国の課税当局に提供されることになるでしょう。

ところで、移転価格文書化（行動13）でみたマスターファイルとローカルファイルでは、ユニラテラルAPAに関する情報が記載項目となっていますので、課税当局としては、図表23のように、両ファイルに記載された情報と、他国の課税当局から自発的に交換された情報をクロス・チェックすることができるようになります。行動5と行動13はこのように連携しています。

図表23◆行動5と行動13の関係

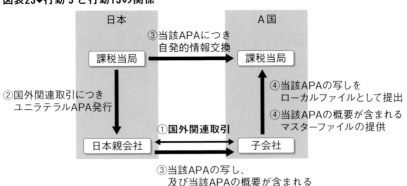

第6節　有害税制への対抗（行動5）

コラム8 情報交換の種類

租税条約による情報交換の種類には3種類があり、国税庁は以下のように説明しています（平成26事務年度における租税条約等に基づく情報交換事績の概要）。

① 要請に基づく情報交換

個別の納税者に対する調査において、国内で入手できる情報だけでは事実関係を十分に解明できない場合に、条約相手国の課税当局に必要な情報の収集・提供を要請するもの。

② 自発的情報交換

自国の納税者に対する調査等の際に入手した情報で外国課税当局にとって有益と認められる情報を自発的に提供するもの。

③ 自動的情報交換

法定調書から把握した非居住者等への支払等（配当、不動産所得、無形資産の使用料、給与・報酬、キャピタルゲイン等）に関する情報を、支払国の課税当局から受領国の課税当局へ一括して送付するもの。

Q73でみた行動5のルーリングの情報は②の自発的情報交換の対象となります。一方、行動13により作成が義務付けられる国別報告事項は③の自動的情報交換の対象となります。一見すると②よりも③の方が情報交換をしなければならないという意味での拘束力が強いようにも見受けられますが、行動5の内容は行動13における国別報告事項と同様、ミニマム・スタンダードとされ、勧告の拘束力は同等と考えられます。そのためか、行動5のBEPS最終報告書では、原文をみると"compulsory spontaneous exchange（義務的な自発的交換）"との文言が随所で使用されています。「義務的な」と「自発的な」は矛盾するのではないかとも思われるわけですが、冷静に考えると、ここでは、情報交換の対象となるルーリングについては、守るべきルールとして必ず自発的に交換するということでしょう。

第7節　利子控除制限（行動4）

Q74.
利子控除制限とは何ですか。また、なぜ支払利子を損金算入することがBEPSとして問題とされるのですか

> **Point**
> 利子控除制限とは支払利子を利用した租税回避を防止するための措置です。支払利子を損金算入し、課税所得を圧縮すれば、納税額を減少させることができるため、問題となります。

　なぜ支払利子を損金算入することがBEPSとして問題となるかについては、配当と利子とを比較して考えると分かりやすいと思います。
　一般的に、支払配当は損金として認められないのですが、支払利子は損金に算入されます。そうすると、ある企業が、株主に利子を支払った場合には、課税所得は支払利子に相当する金額が減額されたものとなりますが、株主への配当の支払は税引後の利益から支払われるため、課税所得から配当金に相当する金額は減額されません。すなわち、企業が株主に一定の金額を支払うとしても、配当か利子かという支払の形式によって、課税所得が変わってくることになります。そのため、企業が支払利子の損金算入効果を利用して課税所得を圧縮することが可能となるため、問題となります。
　これは、特に多国籍企業が、グループ内貸付けを利用する場合に問題となります。多国籍企業グループでは、税負担の重い国の会社が税負担の軽い国の会社から多額の借入れを行い、利子を支払うことで、税負担の軽い国に受取利子として所得を移転し、グループ全体としての納税額を軽減させることができます。これは、まさに軽課税国への所得移転であり、BEPSとして問題になります。

Q75.
現在、利子を国外の関連会社に支払う場合には、日本ではどのような規制がありますか

Point

①利率が過大な支払利子を規制する「移転価格税制」、②資本に対して過大な支払利子を規制する「過少資本税制」、③所得に比べて過大な支払利子を規制する「過大支払利子税制」という3つの措置があります。

　日本では3つの措置があり、①利率が過大な支払利子は移転価格税制で、②資本に対して過大な支払利子は過少資本税制で、③所得に比べて過大な支払利子は過大支払利子税制で、それぞれ規制されています。

　第1に、市場実勢とかけ離れた利率による利子の支払については、基本的には独立企業間で行われるとは考えがたく、親子会社間での取引等、国外関連取引で行われることが多いと思われます。そのため、関連者間の過大な利率による利子支払については、個別取引における利率の設定が問題とされ、移転価格税制による規制が及びます。この場合は、これまで移転価格税制の項目（**Q57**等参照）で述べたとおり、独立企業原則に従って、個別の取引が適正な価格といえるのかが判断されることになります。

　第2に、資本に対して過大な借入れへの支払利子の損金算入を制限するものを過少資本税制といいます。過少資本税制とは、海外に親会社、日本に子会社という状況において、親会社の子会社に対する貸付残高がその親会社の子会社に対する資本持分の3倍を超える場合に、その超える部分に対応する支払利子の損金算入を認めない制度です（**Q76**参照）。

　第3に、所得に比べて過大な利子を支払っている場合に損金算入を制限するものを過大支払利子税制といいます。過大支払利子税制は、関連者（直接・間接の持分割合50％以上の親会社・子会社等）への純支払利子（支払利子から受取利子を引いた残額）のうち、調整所得金額の50％を超える部分の金額について、損金不算入とする制度です。この調整所得金額は、課税所得

第2編◆企業へのインパクト

に、受取配当（国内・国外）益金不算入額、減価償却費、関連者への純支払利子を加算して算定されます（**Q77**参照）。

Q76.
過少資本税制とは、どのような制度ですか

Point

過少資本税制は、資本に対して過大な借入れへの支払利子の損金算入を制限するものであり、外国親会社の日本子会社に対する貸付残高がその親会社の子会社に対する資本持分の3倍を超える場合に、その超える部分に対応する支払利子の損金算入を認めない制度です。

　過少資本税制とは、海外に親会社（子会社株式の50％以上を直接・間接に保有する外国法人）、日本に子会社が存在するという状況において、親会社の子会社に対する貸付残高がその親会社の子会社に対する資本持分の3倍を超える場合に、その超える部分に対応する支払利子の損金算入を認めない制度です。これは、日本法人が、海外の親会社から資金提供を受ける際に、出資に代えて過大な借入れを行うことによる租税回避を防止することを目的としています。

　例えば、外国親会社Aが日本子会社Bに対して10億円の資金を拠出する場合、①資本金9億円、貸付金1億円として資金を拠出した場合と、②資本金1億円、貸付金9億円として資金を拠出した場合を考えてみましょう。外国親会社Aとしては、資本金として資金を拠出するのも、貸付金として資金を拠出する場合でも、負担する額は同じです。一方で、日本子会社Bは、資本金に対する支払配当を損金算入できませんが、借入金（Aにとっては貸付金）の利子は損金算入できます。そのため、出資の際に、②のように貸付金の割合を多くすれば、その分支払利子が増えることで、日本子会社Bの課税所得を意図的に圧縮させることができます。このような事例に対応するために平成4年度税制改正で、過少資本税制が導入されています。この過少資本税制により、②のケースでは、資本金1億円の3倍となる3億円までの貸付金に対応する利子は損金算入できますが、それ以上の6億円の部分に対応する利子は損金不算入となります。

Q77.
過大支払利子税制とは、どのような制度ですか

> **Point**
> 過大支払利子税制は、所得に比べて過大な利子を支払っている場合に、損金算入を制限する制度であり、純支払利子のうち、調整所得金額の50％を超える部分の金額について、損金不算入とする制度です。

　所得に比べて過大な利子の損金算入を制限すべく、平成24年度税制改正で導入されたのが過大支払利子税制です。

　例えば図表24のとおり、軽課税国A国に親会社Pがあり、日本に子会社Sが存在し、支払利子がなかったとするならばS社に10億円の課税所得が見込まれている場合を考えてみます。ここで、P社からS社に1,000億円の貸付けを行い、S社からP社へ10億円利子を支払ったとします。また、S社にP社やその他の関連者（直接・間接の持分割合50％以上の親会社・子会社等）からの受取利子はないとします。この場合、S社は10億円の課税所得が見込まれていましたが、P社に10億円利子を支払っているため、課税所得はなくなりました。その結果、支払利子の損金算入を利用して、軽課税国であるP社に課税所得10億円を移転し、租税回避を行うことが可能となっています。

　そこで、このような事案を規制すべく、図表25のとおり、関連者への純支払利子（支払利子から受取利子を引いた残額）のうち、調整所得金額の50％を超える部分の金額について、損金不算入とする過大支払利子税制が平成24

図表24◆過大な利払い

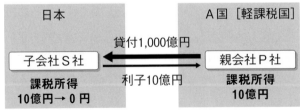

年度の税制改正で導入されました。この調整所得金額は、課税所得に、受取配当（国内・国外）益金不算入額、減価償却費、子会社など関連者への純支払利子を加算して算定されます。基本的考え方は利払い前所得をベースに、設備投資に積極的な企業に配慮して減価償却費を加算しています。

　上記の例において、仮にＳ社の受取配当（国内・国外）益金不算入額が1億円、減価償却費が1億円だとすると、Ｓ社の調整所得金額は、0円（課税所得）＋1億円（受取配当益金不算入額）＋1億円（減価償却費）＋10億円（関連者への純支払利子）により12億円となります。これにより、関連者である外国親会社Ｐへの純支払利子は、調整所得金額の50％である6億円までしか損金算入できず、残りの4億円については、課税対象となります。

　なお、国内取引の場合は、受取利子が課税されることから、過大支払利子税制の対象には含まれません。すなわち、日本の過大支払利子税制は、実質的には国外関連者への支払利子のみが制限対象となっています。また、過大支払利子税制の対象は、「関連者」への純支払利子であり、「第三者」に対す

図表25◆過大支払利子税制の概要

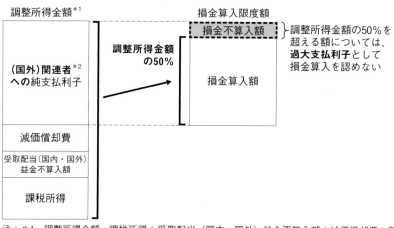

注：＊1　調整所得金額＝課税所得＋受取配当（国内・国外）益金不算入額＋減価償却費＋関連者への純支払利子
　　　　なお、課税所得への加算項目はこのほかにもあるが、説明の便宜のため省略
　　＊2　関連者＝直接・間接の持分割合50％以上の親会社・子会社
　　　　ただし制度上、実質的には「国外」関連者が対象

第2編◆企業へのインパクト

る純支払利子は問題とはしていません。また、過大支払利子税制は、関連者への純支払利子の額が1,000万円以下であれば、適用されません。

Q78.
BEPS最終報告書ではどのような内容が勧告されたのですか

Point
日本の過大支払利子税制と基本構造は類似する「固定比率ルール」の導入を推奨するとともに、「固定比率ルール」と組み合わせるためのオプションルールを提案しました。

　BEPS最終報告書では、基本ルールとして、「固定比率ルール」を推奨しています。この固定比率ルールは各国の慣行の統一を促進する「ミニマム・スタンダード」にはなりませんでしたが、各国制度の共通化を目指す「共通アプローチ」として提示されており、日本においても、この内容を踏まえた改正がなされる可能性があります。

　固定比率ルールとは、所得金額に比べて過大な支払利子の損金算入を制限するものであり、具体的には、個別の企業の純支払利子がその企業のEBITDA（イービットディーエー、もしくはイービットダー：Earnings before interest, taxes, depreciation and amortizationの略）に固定比率を乗

図表26◆固定比率ルール

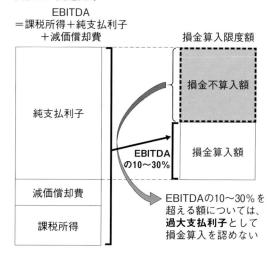

じた金額を超える場合には、その超える部分に相当する金額の損金算入を制限するルールです（図表26参照）。EBITDAは、直訳すれば「利子・税金・減価償却費計上前の利益」ですが、BEPS最終報告書ではEBITDAは税務上の数値を用いて計算するとされ、また、利子とは支払利子そのものではなく支払利子から受取利子を控除した純支払利子とされていることから、算式としてはEBITDA＝課税所得＋純支払利子＋減価償却費ということになります。固定比率の水準は、各国が10～30％の間のいずれかの水準で設定することとしています。この固定比率ルールは、日本の過大支払利子税制と基本構造は類似していますが、過大支払利子税制よりも損金算入できる範囲を制限しているため、十分に注意が必要です（**Q80**参照）。

Q79.
BEPS最終報告書で提案されたオプションルールは、どのような内容になっていますか

Point

固定比率ルールを補完するルールであり、固定比率ルールにおいて損金算入できないとされた部分についても、その企業のEBITDAにグループ比率を乗じた金額までは支払利子の損金算入を容認する「グループ比率ルール」等が提案されています。

　BEPS最終報告書では、基本ルールである固定比率ルールと組み合わせることができるオプションルールをいくつか提示しました。はじめに挙げられているのは、「グループ比率ルール」です。

　大型投資を行う場合などで、経営上の理由によりグループ全体として第三者からの借入金が多い場合に、固定比率ルールを個々の企業に機械的に適用すると、損金不算入となる支払利子が大きくなるおそれがあり、企業経営の柔軟性を過度に制限するおそれがあります。そこで、BEPS最終報告書では、固定比率ルールを補完（緩和）するオプションルールとして「グループ比率ルール」を導入することを選択肢の1つとして推奨しています。グループ比率ルールは、固定比率ルールにおいて損金算入できないとされた部分についても、その企業のEBITDAにグループ比率（グループ全体の第三者に対する純支払利子÷グループ全体のEBITDA）を乗じた金額までは支払利子の損金算入を容認するルールです（図表27参照）。

図表27◆固定比率ルールとグループ比率ルール

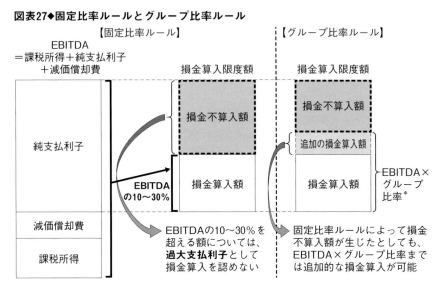

注：＊ グループ比率＝グループ全体の第三者への純支払利子÷グループ全体のEBITDA

　例えば、X国に企業Aがあり、そのEBITDAの40％が純支払利子であるとします。X国の固定比率が15％の場合、固定比率ルールを適用するとEBITDAの25％（40％−15％）に相当する支払利子の損金算入が否定されることになります。しかし、仮にAが所属する企業グループのグループ比率（グループ全体の第三者への純支払利子÷グループ全体のEBITDA）が18％である場合、グループ比率ルールを適用するとグループ比率までの支払利子の損金算入が許容されるため、A国においてグループ比率を超える22％（40％−18％）に相当する支払利子の損金算入は引き続き否定されますが、EBITDAの3％（18％−15％）に相当する支払利子は追加的に損金算入できることとなります。

　なお、グループ比率ルールについては、現在までどの国も採用していないルールであることから、2016年にOECDでさらなる技術的な検討を行い、結論を出すこととしています。

固定比率ルールを補完するオプションルールとしては、他にも「特別ルール」がBEPS最終報告書で提示されています。この特別ルールは、出資と貸付けの比率が一定割合を超える場合に損金算入を制限する制度であり、日本の過少資本税制に類似するものです。

　さらに他のオプションルールとして、「デミニマス基準」が提示されています。「デミニマス基準」は固定比率ルールの適用除外であり、純支払利子総額が一定の基準を下回る場合には利子の損金算入を容認するものです。この基準は原則企業グループ単位で設定すべきとしています。なお、日本の過大支払利子税制でもデミニマス基準が設定されており、関連者への純支払利子の額が1,000万円以下であれば、過大支払利子税制は適用されません。

　また、BEPS最終報告書では、年度ごとの所得の変動等によって損金不算入額が発生しうることを想定し、損金不算入額の繰越控除制度を設けることをオプションルールとして提案しています。この繰越控除制度は、日本の過大支払利子税制に導入されています。

　なお、銀行業及び保険業については、特別のルールを2016年に検討し、結論を出すとしています。

Q80.
BEPS最終報告書のとおり各国政府で関連法制の整備がなされると、企業にどのような影響があるのですか。とりわけ、日本企業にはどのような影響が生じますか

> **Point**
> 固定比率ルールは日本の過大支払利子税制と基本構造は類似していますが、①損金不算入となる利子の範囲、②固定比率の水準、③EBITDAと調整所得金額の範囲の3点で相違があり、損金算入できない額が増加するおそれがあります。

　固定比率ルールは、日本の過大支払利子税制と基本構造は類似していますが、次の3点で大きく異なっています。

　(1)　一番重要な相違点は、過大支払利子税制と固定比率ルールでは、図表28の①のとおり、損金不算入の対象となる利子の範囲に、大きな違いがあることです。具体的には、過大支払利子税制では、実質的に国外の関連者への純支払利子のみが対象となるところ、固定比率ルールでは、対関連者に限

図表28◆過大支払利子税制と固定比率ルールの相違点

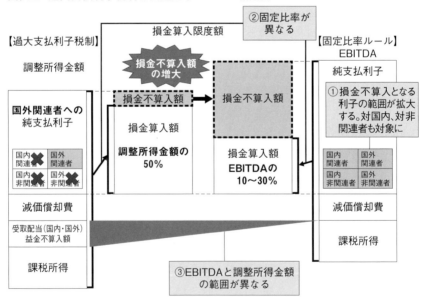

らず、かつ、対国外に限らず、すべての純支払利子が対象となっています。これは、日本の過大支払利子税制では除かれていた、国外の非関連者（第三者）に対する利子や純粋な国内の取引における純支払利子（日本の銀行との取引における純支払利子）も含むことを意味しており、損金不算入となる利子の範囲が大幅に広がるおそれがあります。さらに、国内の取引における純支払利子に関しては、利子を受け取る側で課税されることから、非常に大きな規模で二重課税が発生するおそれがあります。

(2) 次は、図表28の②のとおり、固定比率の水準です。これまでは、過大支払利子税制では調整所得金額の50％まで支払利子の損金算入を許容していましたが、固定比率ルールでは、EBITDAの10～30％の間で各国が設定した比率までしか支払利子の損金算入ができません。ベースとなる金額が異なるとはいえ、「固定比率ルール」が適用されると、50％から10～30％に変わることから、損金算入の範囲が狭まっているといえます。

(3) また、図表28の③のとおり、ベースとなるEBITDAと調整所得金額の範囲にも違いがあります。過大支払利子税制における調整所得金額は課税所得＋国外関連者への純支払利子＋受取配当（国内・国外）益金不算入額＋減価償却費ですが、EBITDAでは、非関連者間取引及び国内取引の純支払利子を算入する一方、調整所得金額に含まれていた受取配当（国内・国外）益金不算入額を含みません。この点でも注意が必要です。

このように、固定比率ルールでは、これまでよりも損金不算入額が増大します。特に、景気悪化によりEBITDA自体が減少する場合には、多額の損金不算入額が発生する可能性があります。もっとも、日本の過大支払利子税制においても固定比率ルールにおいても、損金不算入額の翌年度以降への繰越は認められており、一定程度、影響は平準化されると思われます。

利子控除制限についての国内法制の見直しは、今後、検討が進められる予定ですが、BEPS最終報告書を踏まえて日本の過大支払利子税制の見直しがなされれば、企業に大きな影響を与える可能性があります。このため、自社及びグループ企業が影響を受けないのか、十分に注意する必要があります。

Q81.
企業としてはどのような点に注意が必要ですか

Point

まず、日本や子会社所在地国の利子控除制限の改正動向を正確に把握することが必要です。

　BEPS最終報告書では、支払利子の損金算入を制限する基準として、企業のEBITDAの10〜30%など定量的な情報が示されていますので、基準を正確に把握すれば想定外の影響は防げると思います。事前に支払利子の損金算入が否認されるおそれがあると考えられる場合には、借入れの必要性等について再度検討する必要があると思います。

第8節　義務的開示制度（行動12）

Q82.
BEPS最終報告書ではどのような内容が勧告されたのですか

Point

課税当局が租税回避スキームを速やかに把握するため、プロモーターやそれを利用する納税者に対して、そのスキームの内容等、一定の情報を課税当局に報告することを義務付ける制度の導入を勧告しました。

　義務的開示制度とは、課税当局が租税回避スキームを速やかに把握するため、プロモーター（租税回避スキームの設計・販売・企画または管理に関与する者）やそれを利用する納税者に対して、そのスキームの内容等、一定の情報を課税当局に報告するよう義務付ける制度のことです。なお、納税者には企業のみならず個人も含まれますが、以下本節の説明では企業を念頭に置くこととします。

　BEPSの問題は、租税回避による国家財政の悪化や節税を行っていない企業の競争条件の悪化等にあります。そのため、こうした租税回避をいち早く捕捉することが重要となりますが、プロモーターは現行の制度を前提として、その抜け穴を突くようなスキームをつくっているため、課税当局はなかなか発見できません。また、税務調査等によって具体的なスキームを発見したとしても、その後に処分もしくは立法措置を講ずることになるため、課税当局の対応は後手に回らざるを得ません。

　そこで、課税当局がより適切な対応を取れるよう、プロモーター等から租税回避スキームに関する一定の情報を早期に入手し、ひいてはスキームの販促・利用を抑止すべく、BEPS最終報告書において義務的開示制度の導入が勧告されました。この制度は、既に米国、英国、アイルランド、ポルトガル、カナダ、南アフリカ等で導入されている制度です。

　具体的には①どのような取引を報告対象とし（報告対象の範囲）、②誰が

(報告義務者)、③いつ（報告時期）、④何を報告し（報告すべき情報）、⑤開示しなかった場合にどうなるのか（遵守・不遵守の効果）、の各構成要素についてそれぞれ選択肢を提示して、各国の実情に合った制度を組み立てていくという方式（モジュラー方式）が勧告されました。ここでは基本的に単一国での租税回避スキームを前提としており、義務的開示制度のイメージは図表29のとおりです。

図表29◆義務的開示制度（イメージ）

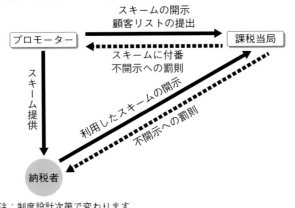

注：制度設計次第で変わります

Q83.
どのような取引を報告しなければならないのですか

Point

租税回避スキームが一般的に持っている特徴に注目した基準（一般基準）と、租税回避スキームのうち特定の取引や要素に注目した基準（個別基準）の、基本的にはいずれか1つを満たした取引が報告対象となります。

　どのような取引が報告対象となるかについては、「報告基準」を満たしているかどうかが判定要素となります。

　報告基準には、租税回避スキームが一般的に持っている特徴に注目した基準（一般基準）と租税回避スキームのうち特定の取引や要素に注目した基準（個別基準）の2つがあります。各国の制度設計によって変わってくるものの、基本的には一般基準と個別基準のいずれか1つを満たせば報告対象となります。

　一般基準の例としては、ある取引で納税者からプロモーターに支払われる報酬が、その取引で納税者が得られるであろう租税利益（節税額）と連動していること（成功報酬）や、取引に係る税の仕組みや得られるであろう租税利益に関し、プロモーターが納税者に対し守秘義務を課しているもの（守秘

図表30◆報告対象の範囲

報告基準（いずれか1つを満たせば報告対象）　　　　前提条件（オプション）

一般基準	個別基準	主目的が租税利益の享受にあるかどうか（閾値）
◆守秘義務（利用者） ◆成功報酬　等 ＊適用基準 ・客観的基準 ・仮定的基準	◆損失スキーム ◆軽課税法域の事業体が関与するスキーム　等 ＊デミニマス基準も採用可	

租税回避スキームが一般的に持っている特徴に注目　　　租税回避スキームのうち特定の取引や要素に注目

義務）等があります。納税者に対し守秘義務を課すということは、それだけそのスキームが革新的であり、大きな租税利益を生み出すものであると見なされるためです。

　一般基準を適用する方法としては、成功報酬契約や守秘義務条項の「実際の有無」により開示義務を判断する「客観的基準」の他、スキームの内容を実質的に判断して、プロモーターに成功報酬が支払われる、もしくは納税者には守秘義務が要求されるものと「合理的に考えられる場合」に開示義務を課す「仮定的（主観的）基準」も提案されています。

　一方、個別基準の例としては、「年間1,000万ドル以上の損失を計上するスキーム」（米国）、「軽課税法域に所在する事業体が関与するスキーム」（ポルトガル）といった法人税に関するものから、所得税や贈与税に関するものもあります。また、制度設計にあたってはデミニマス基準の採用も可能となっています。

　なお、単に報告基準を満たすかどうかを判定する制度設計のみならず、その取引の主目的が租税利益の享受にあるという前提条件を満たしたものに限って報告基準を満たすかどうかを判定するという制度設計のオプションも示されています。

Q84.
誰が、いつ情報を報告しなければならないのですか

> **Point**
> 報告義務者は「プロモーター及び納税者」または「最初にプロモーター」とされ、報告時期は報告義務が誰にあるかによって異なります。

　BEPS最終報告書では、報告義務者について、2つの案が提示されています。1つ目は、プロモーター及び納税者の双方とするものです。2つ目は、プロモーターに第一開示義務を課し、ある一定の状況において納税者に開示義務を転嫁するもので、一定の状況とは、①取引にプロモーターが存在しない場合（例えば企業が租税回避スキームを「自己開発」し、利用している場合）、②プロモーターが国外に存在する場合、③プロモーターが顧客との通信の秘密を守る、いわゆる秘匿特権を主張する場合です。

　ここでいうプロモーターとは、一般的には会計や税務に関する専門家でスキームのプランニング（設計・販売・企画又は管理）を特に生業とする者が該当します。一方、ここでいう納税者とは、報告義務のあるスキームによって租税利益を享受する者です。

　スキーム利用者を特定する方法として、プロモーターに第一開示義務を課す制度設計の場合には、スキーム参照番号及び顧客リストを導入することが

図表31◆報告義務者及び報告時期

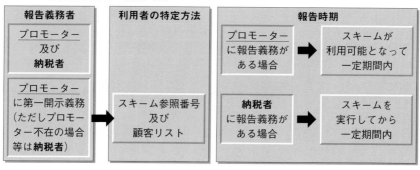

勧告されています。スキーム参照番号とは、課税当局が報告対象となるスキームに付番した参照番号です。プロモーターは付番されたスキームを納税者に提供し、納税者は納税申告の際にスキーム参照番号を課税当局に開示することになります。顧客リストとは、プロモーターがそのスキームを提供した顧客のリストです。

　スキームの報告時期は、報告義務が誰にあるかによって異なります。

　報告義務者をプロモーター及び納税者の双方とする案の場合、プロモーターはスキームが「利用可能」となってから一定期間内に、納税者はスキームを「実行」してから一定期間内に、それらを課税当局に報告することになります。

　また、プロモーターに第一開示義務を課す案の場合、プロモーターはスキームが「利用可能」となってから一定期間内に課税当局に報告することになりますが、プロモーターが不在等の状況では納税者に開示義務が転嫁されますので、その場合、納税者はスキームを「実行」してから一定期間内に課税当局に報告することになります。

Q85.
何を報告しなければならないのですか。また、開示しなかった場合にはどうなるのですか

> **Point**
> 報告すべき情報として、プロモーターや利用者の情報、スキームの詳細等が考えられています。また、違反した場合は金銭的な罰則等が提示されています。

　課税当局に報告すべき情報としては、プロモーターや利用者の情報、該当した報告基準、スキームの詳細、租税利益が関係する法令、租税利益の詳細、顧客リスト（プロモーターのみ）、予想される租税利益の金額等が示されています。

　また、報告義務に違反した場合、金銭的な制裁として、早期報告を促す観点から日々定額の罰則や、租税回避スキームを抑止する観点から租税利益または受取報酬額に応じた罰則が提示されています。金銭的な制裁以外にも、報告義務に違反した事実の公表がなされる可能性があります。

　なお、義務的開示制度に従って報告することは、必ずしもその取引が租税回避であるということを意味するものではありません。逆に、報告して課税当局から何ら反応が無かったからといって、それは課税当局が取引の有効性を認めたことを意味しないことに注意が必要です。あくまで課税当局へ開示を行うということであり、その取引が租税回避に当たるかどうかは課税当局が別途判断することになります。

第2編◆企業へのインパクト

Q86.
国際的な租税回避スキームに、義務的開示制度はどのように適用されるのですか

> **Point**
> 国際的な租税回避スキーム特有の状況を踏まえ、単一国での租税回避スキームを前提とした制度を修正し、対応することが求められています。

　BEPS対策の観点からは、義務的開示制度を国際的な租税回避スキームにも適用することが必要になります。

　BEPS最終報告書では、国際的な租税回避スキームにおいては、租税上の利益がその取引及び取決めに関係する複数の当事者において複数の国で発生する等、単一国での租税回避スキームとは異なる点があることから、義務的開示制度もそれに対応すべく、国際的な租税回避スキームを前提とした制度に修正する必要があるとされました。

　例えば、金融商品や事業体に関する各国の税務上の取扱いの差異を利用した節税策や、同一資産に対する複数国での減価償却費計上等、国際的なスキームでの税収減につながる租税効果に焦点を当てた報告基準の設定が必要とされた他、そのような報告基準を設定することにより対象となる租税回避スキームを正確に捕捉できるため、取引の主目的が租税利益の享受にあるという前提条件の設定は不要であるとされました。加えて、納税者である企業が、報告基準を満たした国際的なスキームの一部として、その国の税収に重要な影響を与える取引等に関与している場合には、たとえそれがその企業に直接的な租税利益を及ぼすものではなくても幅広く報告対象にすべきともされました。

　もっとも、国際的なスキームでは、取引等に関与している企業であっても、スキームの内容等、報告すべき情報について、不十分な情報しか有していない場合があります。そのため、開示義務を負うのは、その企業がスキームの設計等、十分な情報を有している場合のみとされ、自らが把握する範囲

内でスキームに関する情報を課税当局に提供すべき等とされています。

　なお、仮に納税者である企業がスキームに関する十分な情報を有していない場合でも、もしその国の税収に重要な影響を与えるグループ内取引を開始する際には、企業はグループのメンバーに対し、その取引が報告基準を満たした国際的なスキームの一部であるか否かに関する合理的な問合せを実施しなければなりません。その結果、報告基準を満たした国際的なスキームの一部であると判明した場合には、スキームに関する十分な情報を有していることにもなり、開示義務が生じることになります（スキームの一部ではないことが判明した場合には、開示の必要はありません）。一方、問合せをしたにもかかわらず、十分な情報を入手できなかった場合には、入手できなかった旨を課税当局へ通知するとともに、自身が有する取引に関する情報やその取引が生じた背景についてもあわせて通知することになります。課税当局は、既存の情報交換メカニズム（租税条約や情報交換協定等）を用いて、関係する企業が所在する国の課税当局へ情報要求を行うことが考えられています。

Q87.
開示対象となる単一国内でのスキームの具体例はどのようなものですか

Point

報告基準のうち、一般基準の1つとして示されている成功報酬（ある取引で納税者からプロモーターに支払われる報酬が、その取引で納税者が得られるであろう租税利益と連動していること）が具体例として挙げられます。

　成功報酬とは、ある取引で納税者からプロモーターに支払われる報酬が、その取引で納税者が得られるであろう租税利益と連動していることをいいます。

　例えば、プロモーターが非常に革新的な節税スキームを設計し、納税者に提供しようとする際、このスキームが成功すれば1000という多額の節税が可能と見込まれるため、もし節税額1000が実現した場合は500、実現しなかった場合は100の報酬を払うという条項を含めた契約内容とすることが考えられます。このようなケースでは、そのスキームは開示対象になるでしょう。

　もちろん、緊急を要するアドバイスを受けたり、優秀なアドバイザーから助言を受けたりした場合も報酬は一般的に高くなりますが、そのような理由のみでは成功報酬とは見なされず、納税者からプロモーターに支払われる報酬が、その取引で納税者が得られるであろう租税利益と連動しているかどうかが重要な基準となります。

図表32◆開示対象となる単一国内でのスキームの具体例

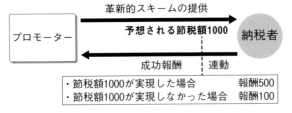

Q88.
開示対象となる国際的なスキームの具体例はどのようなものですか

> **Point**
> 複数の国にまたがって行われる企業グループ内取引の一部に、ハイブリッド・ミスマッチ取決めが含まれる疑いのある事例です。

　X国に所在するグループ親会社のA社は、Y国に100％出資の子会社であるB社を保有し、B社はホールディングカンパニーとして、Z国に100％出資の子会社であるC社を保有しているのをはじめ、複数の国に子会社を保有しています。また、C社は義務的開示制度が導入されているW国に100％出資の子会社であるD社を保有しています。

　そして、B社がA社からある金融商品を通じて借入れを行い、この金融商品は、B社はY国において支払利子の損金算入を行える一方、A社はX国において利子収入の益金不算入が可能な、いわゆるハイブリッド・ミスマッチの生じる金融商品（ハイブリッド金融商品）であるとします。また、B社がA社から借入れを行うのとほぼ同時に、D社もC社から借入れを行うとします。W国の法律では、利子の支払は損金算入が可能であり、また義務的開示制度においてハイブリッド・ミスマッチ取決めが報告基準の1つとなっています。

　この事例においてD社は、W国で損金算入されるD社からC社へ支払う利子の金額が、W国の税収に重要な影響を与えるものであり、かつその取引が、ハイブリッド・ミスマッチを生じさせるA社－B社間の取引を含む国際的なスキームの一部であるという、スキームに関する十分な情報を有している場合には、自らが把握する範囲内でスキームに関する情報をW国の課税当局に開示することになります。

　また、スキームに関する十分な情報を有していない場合でも、このようにグループ内での資金借入れが実施される状況（＝グループ内取引が開始され

図表33◆開示対象となる国際的なスキームの具体例

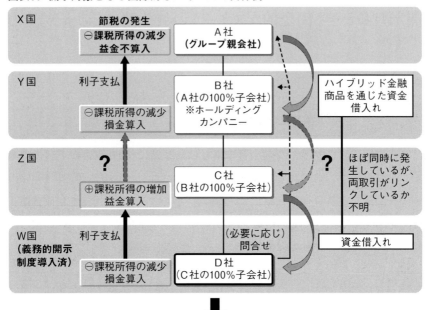

〈D社がC社から借入れを行う際の対応（イメージ）〉

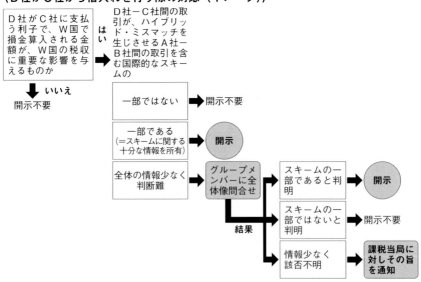

第8節　義務的開示制度（行動12）

る状況）において、もしW国で損金算入されるD社からC社へ支払う利子の金額が、W国の税収に重要な影響を与えるものであるならば、D社はグループメンバーに対し、D社－C社間の取引が報告基準を満たした国際的なスキームの一部であるか否かに関する合理的な問合せを行う必要があります。

その結果、D社－C社間の取引が、ハイブリッド・ミスマッチを生じさせるA社－B社間の取引を含む国際的なスキームの一部であることが明らかになった場合には、D社は自らが把握する範囲内でスキームに関する情報をW国の課税当局に開示することになります（スキームの一部ではないことが明らかになった場合には、開示は不要です）。一方、問合せをしたにもかかわらず、十分な情報を入手できなかった場合には、入手できなかった旨を課税当局へ通知するとともに、D社が有する取引に関する情報やその取引が生じた背景についてもあわせて通知することになります。

Q89.
日本の経済界の主張はどのように反映されているのですか

Point
国際的な租税回避スキームに関する納税者の事務負担が当初案よりも軽減されました。

　義務的開示制度に関して、経団連は、①BEPSを推進するプロモーターや、それらプロモーターが設計するスキームを利用する納税者は厳しく取り締まるべき、②濫用的タックス・プランニングに無縁な通常納税者の事務負担が不当に増加してはならない、③義務的開示制度導入を考える際には、他のBEPS行動計画や開示制度との関係を整理した上で、国際的な租税回避スキームへの応用も含め明確かつ簡便な制度設計が必要、と主張してきましたが、BEPS最終報告書は、経団連の上記考えに概ね沿った内容となりました。

　特に国際的な租税回避スキームにおける報告対象について、OECDの公開討議草案の段階では、「納税者が関与する取決めのうち、重要な経済的・課税上の利益が生じるものを捕捉した上で、それが同一グループ内で発生する場合または納税者がその取決めの一員であった場合にのみスキームを開示すべき」とされていましたが、重要な経済的・課税上の利益とは一体何であるのかが不明確であることから、該当取引の明確化・例示が必要であると主張していました。この点に関し、BEPS最終報告書では、「納税者が関与するクロス・ボーダーの租税効果を有する取決めで、その国の税収に重要な影響を与える取引」とされ、かつ重要性の閾値は金額ベースであるべきとされたことから、幾分明確化が図られました。

　また、同じく国際的な租税回避スキームにおいて、開示を求められた納税者が課税当局に提供する十分な情報を持っていない場合についても、OECDの公開討議草案の段階では、「必要情報を有していると思われる者を特定（identify）し、情報要請がその者に対し行われたことを証明（certify）すべ

き」とされ、経団連はこの特定（identify）及び証明（certify）の作業が納税者の新たな負担とならないよう留意が必要であると主張していました。この点についてもBEPS最終報告書では、「企業が重要な税収影響を伴うグループ内取引を開始する際には、グループメンバーに対しその取引が報告基準を満たした国際的なスキームの一部であるか否かに関する合理的な問合せを実施し、その情報を入手できなかった場合には、入手できなかった旨を課税当局へ通知するとともに、自身が有する取引に関する情報やその取引が生じた背景についてもあわせて通知する」とされ、特定（identify）及び証明（certify）の作業が削除されたことから、納税者の事務負担軽減が図られました。

Q90.
今後の注目ポイントは何ですか

Point
日本における国内法制化の動向、各国における義務的開示制度導入の動きを注視する必要があります。

　BEPS最終報告書では、義務的開示制度の導入はミニマム・スタンダードではなく、各構成要素についてそれぞれ選択肢を提示して、各国の事情に合った制度を組み立てていく方式（モジュラー方式）がベスト・プラクティスとして勧告されています。義務的開示制度の制度設計は各国の選択に委ねられていることから、仮に納税者が開示義務を負う場合には、一定の情報を課税当局に開示する必要が生じますので、納税者の事務負担が増加します。

　日本では、そもそも義務的開示制度が法制化されていませんが、関連する制度としては、個別の取引に係る税務上の取扱いについて、課税当局が納税者の事前照会に対し文書で回答する制度（事前照会に対する文書回答手続）や、大企業を対象に、課税当局と経営責任者等の意見交換を通じ、税務に関するコーポレートガバナンスの充実が認められた場合には信頼関係に基づき税務調査の間隔を延長する制度（協力的コンプライアンス）が実施されています。今後、仮に義務的開示制度の国内法制化を検討する場合には、これらの既存制度との関係をどう位置付けて、どのような制度を導入していくのか、議論の動向を注視していく必要があります。なお、各国の既存義務的開示制度では、法人税に関するスキームだけでなく、所得税や贈与税等に関するものも開示の対象として含まれているため、もし日本でも導入する場合には企業のみならず個人も影響を受けるかもしれません。

　さらに、英国やドイツ等、海外の一部の国では、一般的否認規定（GAAR）により、租税回避行為があった場合等にその効果を否認することが認められています（本**Q90**のコラム９参照）。今後日本においても、義務的開示制度の国内法制化に関する議論に際し、一般的否認規定の導入が検討される可能

性もありますので、こちらの動向も合わせてみておくことが大切です。

　また、BEPS最終報告書を受けて、米国、英国等、既に義務的開示制度が導入されている国では、グローバルに活動する企業に対する開示義務の範囲を拡大する可能性がありますし、現時点で義務的開示制度が導入されていない国でも、導入に向けた検討が本格化していくことが想定されますので、この点についても注意する必要があります。

　企業としては、まず、親会社所在地国のみならず、子会社所在地国の義務的開示制度を正確に把握するとともに、自らの企業グループの税務戦略を検討し、開示対象となる取引があるかを把握することが重要になります。

コラム9 一般的否認規定（GAAR）

　租税回避行為の防止のため、各国は、様々な個別否認規定を設けています。これは、損金算入や益金不算入、税額控除について個別に要件を設け、租税回避行為を防止しようとするものです。例えば国際課税の分野では、所得に対して過大な利子支払について損金算入を否定する過大支払利子税制の他、過少資本税制、LOB（特典制限条項）等がこれに該当します。個別否認規定はターゲットが絞られていることから要件が比較的明確ですが、その規定が詳細であればあるほど、その隙間をついた日々創造される濫用的な租税回避スキームに対して後手に回るという問題があります。

　その問題への1つの対応策として、一般的否認規定（GAAR：General Anti Abuse (Avoidance) Rule）により、納税者の選択した法形式（取引形式）にかかわらず経済的実態に即した課税を行う国々があります。個別否認規定が特定項目を対象にしている一方、これは特定の項目に限らず広く一般的（包括的）に、納税者が異常な取引形式を選択し税負担を減少させる場合に、それを通常の取引形式に引き直して課税するものです。すでに、日本以外のG7諸国は何らかの形で一般的否認規定を持っています。また、租税条約上のPPT（主要目的テスト）はGAARと同趣旨の規定であると考えられています。

　日本の国内法においては、国税通則法の制定時に一般的否認規定の導入が検討されましたが、成文化は見送られた経緯があります。ただし、類似の効果を持つ制度としては、法人税の負担を不当に減少させる「結果」となる法人の「行為」または「計算」の効果を否認し、想定される通常の行為または計算に引き直して課税することを認める行為計算否認規定があります。例えば、戦前から規定されている同族会社の行為計算否認規定の他、2001年の組織再編成に係る行為計算否認規定の創設、2002年の連結法人の行為計算否認規定の創設、2009年の事業承継税制に係る行為計算否認規定の創設、2014年の外国法人の恒久的施設（PE）帰属所得に係る行為計算否認規定の創設、があります。また、PPTは、日英租税条約等にすでに盛り込まれています。

　なお、これらの行為計算否認規定の適用に関する裁判では近年、重要な判決が相次いでいますが、今後、日本におけるGAARの創設の是非も含めた議論に大きな影響を与えるものとみられます。

第2章　租税条約関係

第1節　条約の濫用防止（行動6）

Q91.
租税条約とは何ですか

> **Point**
> 二重課税の排除や租税回避への対応等を通じ、二国間の投資・経済交流の促進を図るものです。

　日本は2016年3月31日現在、65ヵ国・地域との間で54本の租税条約を締結しています。日米租税条約、日英租税条約、日中租税条約等が該当します。国・地域の数と条約の数があわないのは、旧ソ連及び旧チェコスロバキアとの条約が複数の国に継承されているからです。

　また、日本は租税条約の他、租税に関する情報交換を主たる内容とする情報交換協定を10ヵ国・地域との間で10本締結しています。相手側の多くはケイマン諸島、バミューダ等、タックス・ヘイブンと呼ばれる地域です。

　この他、日本は税務行政執行共助条約という多国間条約にも加盟しています。ここでは租税に関する情報交換や徴収共助（自国の滞納者の資産が他の締約国にある場合、他の締約国に租税の徴収を依頼できる制度）が実施されています。

　これらをまとめると、図表34のとおりです。

図表34◆日本の租税条約ネットワーク

(2016年3月31日現在)

― 欧州（37）―
アイルランド、イギリス、イタリア、オーストリア、オランダ、スイス、スウェーデン、スペイン、スロバキア、チェコ、デンマーク、ドイツ、ノルウェー、ハンガリー、フィンランド、フランス、ブルガリア、ベルギー、ポルトガル、ポーランド、ルクセンブルク、ルーマニア、ガーンジー、ジャージー、マン島、リヒテンシュタイン
（共助条約のみ）
アイスランド、アルバニア、エストニア、キプロス、ギリシャ、クロアチア、サンマリノ、スロベニア、マルタ、ラトビア、リトアニア

― ロシア・NIS諸国（12）―
アゼルバイジャン、アルメニア、ウクライナ、ウズベキスタン、カザフスタン、キルギス、ジョージア、タジキスタン、トルクメニスタン、ベラルーシ、モルドバ、ロシア

― 中東（7）―
アラブ首長国連邦、イスラエル、オマーン、カタール、クウェート、サウジアラビア、トルコ

― 北米（2）―
アメリカ、カナダ

― 南アジア（4）―
インド、スリランカ、パキスタン、バングラデシュ

― 中南米（10）―
ブラジル、**メキシコ**、英領バージン諸島、ケイマン諸島、バハマ、バミューダ
（共助条約のみ）
アルゼンチン、コスタリカ、コロンビア、ベリーズ

― 東・東南アジア（11）―
インドネシア、韓国、シンガポール、タイ、**中国**、フィリピン、ブルネイ、ベトナム、香港、マレーシア、マカオ

― アフリカ（9）―
エジプト、ザンビア、南アフリカ
（共助条約のみ）
ガーナ、カメルーン、セーシェル、チュニジア、ナイジェリア、モーリシャス

― 大洋州（4）―
豪州、ニュージーランド、フィジー、サモア

注：①租税条約：54条約、65ヵ国・地域に適用
　　②情報交換協定：10条約、10ヵ国・地域に適用（下線表示）
　　③税務行政執行共助条約：加盟国を太字で表示。うち日本と租税条約・情報交換協定を締結していない国は21ヵ国
　　上記①～③をすべて「条約」とカウントすると、65条約、96ヵ国・地域に適用ということになる。

　近年、日本政府は急ピッチに租税条約のネットワーク拡充を進めています。2016年3月31日現在、以下の条約等について改訂・新規締結の準備が進んでいます。

・日米租税条約（改訂、2013.1.5署名、日本では国会承認プロセス終了）
・日印租税条約（改訂、2015.11.15署名）
・日台租税取決（新規、2015.11.26署名）

第1節　条約の濫用防止（行動6）

・日独租税条約（改訂、2015.12.17署名）
・日チリ租税条約（新規、2016.1.22署名）
・日スロベニア租税条約（新規、2016.1.29実質合意）

なお、租税条約は通常、交渉開始→実質合意→署名→（両国における）国会等の承認→公文の交換→発効・公布というプロセスを経ます。日米租税条約については米国における承認手続待ちの状態であり、インド、ドイツ、チリについては2016年の通常国会で審議が行われます。スロベニアについては実質合意が行われましたが、署名はこれからです。

コラム10　日台租税取決

　経団連は毎年９月に年度税制改正の提言を取りまとめているのですが、その際、租税条約の優先相手国・地域について、会員企業に調査を行っています。
　新規締結の相手国先として要望が強いのは台湾、ミャンマー、チリであり、既存条約の改正ニーズが高いのが中国、インド、タイです。双方ともここ数年、不動のベスト３となっています。
　このうち、台湾は日本と地理的に近く、経済交流も盛んなことから、企業にとって条約への期待が特に高いのですが、正式な国交がないため通常の租税条約は締結できません。そこで、現在、準備中の台湾との「条約」については、まず、民間団体である公益財団法人交流協会（日本）と亜東関係協会（台湾）が租税条約と同等の内容を有する日台租税取決を署名し、その取決めを実施するための国内法を整備する、というアプローチがとられています。
　この実施法（外国居住者等の所得に対する相互主義による所得税等の非課税等に関する法律）は2016年３月末に成立しており、１年以内の政令で定める日から施行されることになっています。日台租税取決は順調にいけば2017年から適用されることになりそうです。

Q92.
租税条約にはどのようなことが定められているのですか

Point
投資所得に対する源泉地国課税の減免、PEの範囲と帰属利得、移転価格税制、二重課税排除の方法、紛争解決、情報交換等について定められています。

各国の租税条約のひな型となるOECDモデル租税条約の条文構成を簡単に確認してみましょう。全部で31条からなり、企業のみならず個人の課税関係についても規定しているのですが、ここでは企業に関係する部分だけをみていきます。

第1条　人的範囲
　条約は一方または双方の締約国の居住者である者に適用するとされています。
第2条　対象税目
　条約が対象とする税目が列挙されます。例えば日米租税条約の場合、「日本については法人税、米国については連邦所得税（法人税）」等と書かれます。
第3条　一般的定義
　第1条でいう「者」には法人が含まれるとされています。
第4条　居住者
　「居住者」の意義が説明されています。企業の本店所在地が日本にあれば、その企業は日本の居住者に該当します。
第5条　恒久的施設
　恒久的施設（PE）の範囲が記載されています。支店や一定の建設工事現場、代理人等が該当します。
第7条　事業所得
　「PEなければ課税なし（PEあれば課税あり）」とした上で、PE帰属利得の計算にあたっては独立企業原則を適用するとされています。
第9条　特殊関連企業
　独立企業原則に基づき、移転価格課税を行うことができるとされています。

第1節　条約の濫用防止（行動6）

第10条　配当
　配当の受領国は配当に課税できるとした上で、配当の支払国でも同様に課税できるが、配当額の５％または15％を超えないものとする、とされています。
第11条　利子
　利子の受領国は利子に課税できるとした上で、利子の支払国でも同様に課税できるが、利子額の10％を超えないものとする、とされています。
第12条　使用料
　使用料（ロイヤルティ）は受領国でのみ課税できるとされています。
第23条　二重課税排除の方法
　一方の締約国の居住者が他方の締約国で法人税を課される場合、一方の締約国は外国税額控除等を認めるとされています。
第25条　相互協議
　条約の規定に適合しない課税を受けた者または受けることになると認めた者は権限のある当局（Competent Authority）に相互協議の申立てをすることができるとされています。
第26条　情報交換
　両締約国の権限のある当局は、租税に関する情報を交換するとされています。

　第10条の配当、第11条の利子、第12条の使用料が投資所得に該当します。基本的には所得が受領された国（居住地国）での課税が優先され、所得の支払国（源泉地国）での課税を制限することによって二重課税を軽減しています。このような源泉地国課税の減免は条約上の「特典」とされています。
　なお、OECDモデル租税条約では、上でみた条文に加え、それらの解説文であるコメンタリーも記載されており、各国の課税当局・企業が参照できるようになっています。

Q93.
BEPS最終報告書ではどのような内容が勧告されたのですか

> **Point**
> 租税条約の濫用防止のため、「特典資格条項」の創設が勧告されました。

　ある企業が投資所得に対する源泉地国課税の減免を受けるなど、租税条約上の特典を得ることができるのは、その企業が条約締結国の居住者だからです。しかし、**Q12**でみたように、関係のない第三国の居住者がその条約の特典を不当に得ようと試みる場合があります。これを租税条約の濫用といい、条約漁り（treaty shopping）とも呼んでいます。

　そこで、BEPS最終報告書では、租税条約の濫用防止のため、OECDモデル租税条約に「特典資格条項（Entitlement to Benefits）」を創設することが勧告されました。この勧告はミニマム・スタンダードに分類され、拘束力の強い内容となっています。各国は今後、自国の租税条約において、特典資格条項として以下３つのうち１つを組み込むことが求められます。

① 特典制限規定（Limitation on Benefits：LOB）と
　　主要目的テスト（Principal Purposes Test：PPT）の両方
② PPTのみ
③ LOB及び導管取決防止メカニズム（**Q95**のコラム11参照）

この①～③の詳細は**Q94**以降で説明します。

　なお、特典資格条項は現時点ではOECDモデル租税条約の「X条」とされており、第１項～６項がLOBの規定、第７項がPPTの規定となっています。条文番号は今後、行動６に関する作業が最終化されるなかで決定していくものと思われます。

第１節　条約の濫用防止（行動６）

Q94.
LOB（特典制限規定）とは何ですか

> **Point**
> 企業の「属性」に着目し、特典資格の有無を判定する条項です。

　関係のない第三国の居住者が租税条約に介在してくることを防止するため、LOBでは租税条約締約国の企業の属性や活動に着目し、第三国の居住者に支配されたり影響を受けたりしていないかを検証することになります。以下、特典資格条項の第1項から第6項を順にみていきます。

　まず、第1項では、「適格者」に該当しない企業には条約の特典を付与しない、とされています。

　その上で、第2項では適格者の範囲が定められており、上場会社等が該当するとされています。上場会社が適格者とされるのは、内外を問わず複数の株主が想定され、特定の第三国の居住者に支配されているとは考えにくいからです。

　第3項は、能動的事業活動基準と呼ばれるものです。第2項で適格者に該当しなくても、「能動的な活動」に起因する一定の所得については条約の特

図表35◆派生的受益者基準

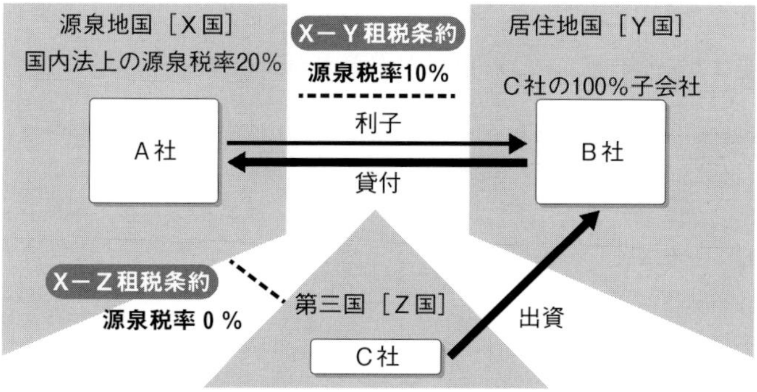

源泉地国［Ｘ国］	X－Y租税条約	居住地国［Ｙ国］
国内法上の源泉税率20％	源泉税率10％	Ｃ社の100％子会社
Ａ社	← 利子 ← → 貸付 →	Ｂ社

X－Z租税条約　源泉税率0％　……　第三国［Ｚ国］　Ｃ社　→出資→ Ｂ社

第2編◆企業へのインパクト

典を付与するとされています。

第4項は、派生的受益者基準と呼ばれるものです。図表35をご覧ください。

ここではX国とY国の条約において、A社からB社に対する利子の支払につきX国において源泉税率の減免（10％）という特典を認めるか否かが問題となっています。

B社はZ国の居住者であるC社の100％子会社であり、「第三国の居住者から支配を受けている」状況です。B社は上場会社ではないでしょうから、X－Y条約の適用上、第2項でいう適格者とはなりません。加えて、第3項の能動的事業活動基準も満たせなかったとします。しかし、3ヵ国の課税関係を全体として捉えれば、このような状況でもB社にX－Y条約の特典を付与して問題ないと考えられます。

なぜならば、C社が仮にA社から直接、利子の支払を受けた場合、源泉税はX－Z条約により0％、すなわちB社がA社から支払を受けた場合の源泉税10％よりも有利な条件となるからです。このような場合には、C社がX－Y条約の特典を得るために節税目的でB社を中間法人として介在させる動機が乏しく、条約漁りとはいえないため、第4項により条約の特典が付与されます。

第5項は、権限のある当局による認定です。第1項から第4項の要件を満たすことができない場合でも、当局に対する個別の申請によって条約の特典が付与される場合があり、LOBにおける最終手段と位置付けられています。

第6項では、第1項～5項における用語が定義されています。

Q95.
PPT（主要目的テスト）とは何ですか

> **Point**
> 取引等の「目的」に着目し、特典資格の有無を判定する条項です。

　特典資格条項の第7項はPPT（主要目的テスト）について規定しています。条約の特典は、その特典を得ることが取引または取決めの主たる目的の1つであると合理的に結論付けられる場合には与えられないとされました。ただし、そのような状況の下で、その特典を与えることが条約の規定の目的に合致すると認められる場合は除かれます。

　BEPS最終報告書は、第7項のコメンタリーにおいて、PPTについて具体的に説明しています。それによれば、LOBとPPTを併用する場合には、仮にLOBの規定である第1項から第6項により特典資格が付与された者であっても、第7項によって特典資格が否認されることはあり得るとされました。すなわち、上場会社であるなど「属性」は白でも、個々の取引等についてはその「目的」によっては黒と判定されることがあります。

　課税当局は、企業の意図について決定的な証拠を見つける必要はないものの、条約の特典を得ることが主たる目的の1つであると結論付けることが合理的でなければならないとされました。

　条約の特典を得ることは、取引等の唯一のまたは支配的な目的である必要はなく、少なくとも主たる目的の一つであれば足ります。もっとも、ある取引等が中核的な商業活動に不可分に結びついている場合には、主たる目的が条約特典を得ることであるとはいい難いとされました。

　このように、PPTは解釈の幅がある、非常に間口の広い内容となっています。

　なお、特典資格条項を個別の租税条約に組み込む際の3つの選択肢（**Q93**参照）のうち、LOBを用いるのは①のLOBとPPTの両方、③のLOB＋導管

取決防止メカニズム（本Q95のコラム11参照）ですが、①でいうPPTと③でいう導管取決防止メカニズムに期待される役割は、実質的には同じです。すなわち、ある企業が上場会社であるなど、特典資格条項の第2項で適格者とされる企業であっても、個別の取引においては条約の濫用があり得るため、①のようにPPTを用いるか、あるいは③のようにPPTと類似の効果を持つ規定（導管取決防止メカニズム）を何らか整備する必要があるということです。

では、①と③の本質的な違いは何かというと、LOBの厳格さです。あくまでも相対的な問題ですが、①におけるLOBの内容は③に比べれば多少緩やかで、場合によってはPPTの機能に対する期待もそれなりにあります。他方、③においてはLOB自体が詳細かつ厳格です。

例えば適格者である「上場会社」の意義についてみてみると、①では単に（第三国も含め）証券取引所で上場していれば良いとされる一方、③では企業が所在する国の証券取引所での上場に限られています。③の方が、適格者に該当する要件として、締約国との結びつきを強く求めています。

コラム11 導管取決防止メカニズム

例えば米国企業A社から日本企業B社が利子を得て、さらにB社から第三国のX国C社が利子を得るという取引があったとします。

米国企業A社― 利子 →日本企業B社― 利子 →X国C社

この場合、たとえB社が日米租税条約でいう適格者に該当する場合でも、C社が
① X国と米国の租税条約上、日米租税条約よりも有利な特典を得られない
② 日本の居住者でも米国の居住者でもない

という状況にあり、かつ、C社のB社に対する債権がなかったならばB社のA社に対する債権もなかったといえる場合には、B社はA社からの利子につき、条約上の特典を得ることができません。

これが導管取決防止メカニズムであり、日米租税条約第11条（利子）の第9項に規定されています。また、これと同様の規定が、第10条（配当）、第12条（使用料）にも配置されています。

第1節 条約の濫用防止（行動6）

Q96.
PPTにより特典が制限される具体例としてどのようなものがありますか

> **Point**
> 例えば、源泉税の免除という条約上の特典を得るため、第三国の企業に代わって配当を受ける場合です。

　図表36をご覧ください。ここで、X国のT社は上場会社であるY国のS社の株式を保有しています。X国とY国には租税条約がないため、S社からT社への配当についてはY国の国内法により25％の源泉税が課税されます。

　一方、Y国とZ国には租税条約があり、特典として配当に対する源泉税は0％となっています。そこで、T社は、信託契約等により、独立した金融機関であるZ国のR社がT社に代わってS社からの配当を受け取ることとしました。

　BEPS最終報告書によれば、他の事実及び状況がなければ、R社がT社に代わって配当を受け取ることは、Y－Z条約による源泉税の免除という特典を得ることが主たる目的の1つであると結論付けることが合理的とされ、PPTに抵触するとされています。

図表36◆PPT抵触ケース

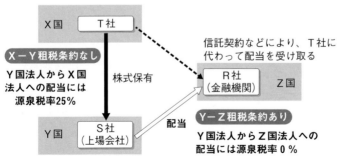

Q97.
PPTに抵触しない具体例としてどのようなものがありますか

> **Point**
> 例えば、国外に新工場を建設する際、租税条約の特典は考慮に入れたものの、主たる目的は事業拡張等であった場合です。

　図表37をご覧ください。ここで、電子機器製造業を営むX国のR社は事業拡張のため、安価な製造コストを求め開発途上国において新工場の建設を検討しています。初歩的な検討の結果、3ヵ国が候補としてあがりました。いずれも政治・経済状況が類似しています。こうしたなか、S国のみがX国と租税条約があることを踏まえ、R社は新工場をS国に設置する決定を行いました。

　BEPS最終報告書では、R社としては、S国における工場建設を決定する際、X－S条約の特典を考慮に入れているものの、投資及び新工場設立の主たる目的は、X国法人の事業拡張とS国の安価な製造コストに関連するものであることは明確であり、条約の特典を得ることが主たる目的の1つだったとはいえない、とされています。また、租税条約の趣旨がクロス・ボーダーの投資の促進であるところ、このような投資によって条約の特典を得ることは、条約の目的に適っているとされています。従って、この事例はPPTに抵触しません。

図表37◆PPT非抵触ケース①

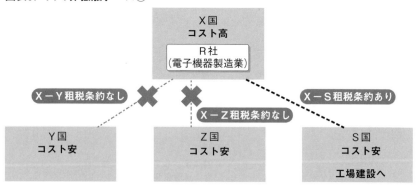

Q98.
日本の経済界の主張はどのように反映されているのですか

> **Point**
> 個別条約への特典資格条項の組み込みにおいて、LOBとPPTは選択制とされました。また、PPTについては抵触・非抵触の事例が追加されました。

　今回、OECDモデル租税条約において特典資格条項を創設することが勧告されたわけですが、これまで個別の条約においてLOBやPPTが全くなかったわけではありません。実は従来から、OECDモデル租税条約第1条（人的範囲）のコメンタリーでは、仮にLOBを導入したいという国は、こういう規定案が考えられるというような内容があり、PPTについてもそのコンセプトが記載されていました。

　日本における特典資格条項の採用状況をみても、LOBは2004年発効の改訂日米租税条約以降、様々な条約で導入されています。また、日英租税条約や日ニュージーランド租税条約ではLOB、PPTともに規定されています。日ポルトガル租税条約のように、PPTのみ規定されている条約もあります。導管取決防止規定については、日米条約にも日英条約にも存在します。このように、日本にとっては、LOBやPPT等が特に目新しいというわけではありません。

　ただ、公開討議草案の段階では、LOBとPPTは選択制ではなく、両方とも租税条約に「標準装備」することが提案されていました。経団連からは、過剰な提案であり、両者については選択の余地を残すよう主張し、反映されています。

　また、PPTについては、各国の課税当局による恣意的な運用が懸念されたため、抵触・非抵触の事例を拡充するよう求めました。この結果、公開討議草案では4つだった事例が、BEPS最終報告書では9つに拡充されました。そのなかには、実体のある地域統括機能を有する会社の活動についてはPPTに抵触しない旨の企業にとっては有利な内容も含まれています（図表38）。

図表38◆PPT非抵触ケース②

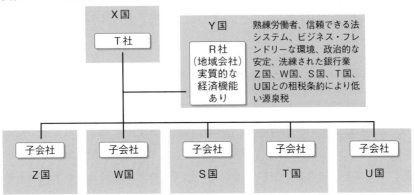

　この事例において、X国の上場会社であるT社は、ある地域で5つの子会社を保有しています。その5社は、いずれも近隣の別の国に所在しています。T社はそれら子会社に管理、金融、財務といったグループ役務を提供するため、地域会社の設立を検討しています。候補地を検討した結果、T社は地域会社であるR社をY国に設立することを決定しました。

　この決定の背景には、Y国の熟練労働者、信頼できる法システム、ビジネス・フレンドリーな環境、政治的な安定、洗練された銀行業、包括的な二重課税防止条約等があります。Y国は5つの子会社が所在する国と租税条約を締結しており、いずれも低い源泉税率が適用されています。

　この事例では、単に子会社からの地域会社に対する将来の支払に係る条約上の効果（低い源泉税率）を検討するだけでは、T社によるR社の設立目的について結論を引き出すことはできない、とされました。R社がグループ内役務を提供する際、実質的な経済機能を遂行し、真に資産を使用し、真にリスクを引き受け、独自の人員を通じて事業を行う場合には、PPTに抵触しないとされました。

Q99.
企業としてはどのような点に注意が必要ですか

> **Point**
> LOBについては中継国を利用した外－外取引をカバーする条約、PPTについてはすべての条約において注意が必要です。

　日本を締約国とする条約において、今後、LOBの導入がさらに進められたとしても、企業が上場会社である場合は適格者となるため、そのような会社にとっては直ちに重大な障害が生じるわけではありません。ただ、中継国を利用して第三国に投資を行う場合等には注意が必要かもしれません。

　例えば日本企業がアジアのA国に子会社を設置し、その子会社を経由して同じアジアのB国、C国に孫会社を有する場合を想定してみます。仮にA－B条約、A－C条約においてLOBが導入されると、A国の子会社は通常、上場会社でない可能性が高いため、それぞれの条約において適格者とはならないおそれがあります。その場合でも、能動的事業活動基準、権限のある当局による認定等、救済条項がありますが、すべてのケースで条約の特典が付与されるかについては不透明感が増すと考えられます。

　もっとも、LOBについてはかねてより形式的に過ぎるとの批判が強く、導入に賛同する国がどれほど広がるかについては若干疑問が残ります。

　一方、PPTについては、事例が拡充されたものの、各国による恣意的な運用の懸念は払拭されていません。各国の執行をモニタリングするとともに、条約の特典が否認された場合には、権限のある当局に相互協議を申し立てることが考えられます。行動14（紛争解決メカニズムの効率化）のBEPS最終報告書では、PPTの適用に関する企業と課税当局の見解の相違は、相互協議の対象となる旨、ミニマム・スタンダードとして勧告されています。

　なお、条約の特典が否認され、条約よりも不利な条件で源泉地国課税を受けたとしても、外国税額控除自体ができなくなるわけではありません。企業のなかには、「正当な目的がある場合には、LOBがあろうとPPTがあろうと

必要なビジネスを行う他ない。仮に特典が付与されなくても、状況によっては外国税額控除でカバーできる」との意見もあります。

Q100.
今後の注目ポイントは何ですか

> **Point**
> 米国モデル租税条約の改訂を受けたOECDにおける作業の最終化に注目する必要があります。

　米国は、OECDモデル租税条約と一部内容を異にする独自のモデル租税条約を有しており、自国の租税条約の締結・改訂に当たってのひな型としています。この米国モデル租税条約の改訂作業とBEPSプロジェクトの時期が重なったため、OECDモデル租税条約はBEPS最終報告書が公表されたにもかかわらず、一部、LOB等について内容が確定していない部分があります。米国の影響力の大きさがうかがい知れます。

　米国は、2016年2月に公表された改訂後の米国モデル租税条約においてOECDモデル租税条約と異なるLOB規定を設けるとともに、配当、利子、使用料の受領国がそれら所得につき軽減税率等を適用している場合には、支払国において国内法に基づき課税できる、という新規定を導入しています。後者については、租税条約の目的が二重課税の排除であるところ、軽減税率等により受領国（居住地国）での課税が不十分である場合には、純粋に二重課税が生じているとはいえないことから支払地国（源泉地国）での課税を強化しよう（条約特典を付与しない）という発想であると思われます。

　米国におけるモデル租税条約の改訂を踏まえ、OECDにおいても2016年前半に行動6の作業を最終化することになります。その上で、行動15（多国間協定の開発）に基づき、勧告内容が各国の租税条約に反映されることになると考えられます（**Q117**参照）。

第2節　PE認定の人為的回避の防止（行動7）

Q101.
PEとは何ですか

Point

PE（恒久的施設）とは、企業の外国における支店や工場等、「事業を行う一定の場所」のことを指します。外国に進出しても、PEがなければ、法人税の課税対象とはなりません。

　PEとは、Permanent Establishment（恒久的施設）の略称で、企業の外国における支店や工場等、事業を行う一定の場所のことをいいます。

　国際課税のルールでは、PEに該当する事業活動の拠点から利益が生み出された場合には、PE所在地国がその事業所得に対して課税をすることができるとされています。見方を変えると、ある国の企業が他の国の顧客と取引を行っていたとしても、当該他の国にPEがなければ、当該他の国はその企業の事業所得に対し、法人税が課税できません（いわゆる「PEなければ課税なし」の原則）。すなわち、PEは外国において法人税の課税を受けるだけの「つながり（ネクサス）」を有しているかどうかを判断する閾値となるものといえます。

　PEの定義及び範囲についてはOECDモデル租税条約第5条によって、国際的に参照される基準がつくられています。現行の規定の概要は表のとおりです。

第1項 （PEの定義）	恒久的施設とは、事業を行う一定の場所で企業がその事業の全部または一部を行っている場所をいう
第2項 （PEの例）	恒久的施設には、特に、次のものを含む。a）事業の管理の場所、b）支店、c）事務所、d）工場、e）作業場、f）鉱山、石油または天然ガスの坑井、採石場その他天然資源を採取する場所

第3項 (建設PE)	建築工事現場・据付け工事現場等が12ヵ月を超える期間存続する場合には、PEとする
第4項 (PEに当たらない活動)	商品等の引渡し、展示、保管、購入、情報収集、その他準備的・補助的活動はPEには当たらない
第5項 (代理人PE)	企業に代わって行動する者(第6項の場合を除く)が、当該企業の名において契約を締結する権限を有し、かつ、この権限を反復して行使する場合には、当該企業のPEとする(これを代理人PEという)
第6項 (独立代理人)	独立の地位を有する代理人(独立代理人)は代理人PEに当たらない

　Q102で説明しますがBEPS最終報告書では、OECDモデル租税条約第5条の第3項～6項の条文・コメンタリーの改訂等が勧告されています。

　なお、国連モデル租税条約でも、若干の差異はありますが、恒久的施設について同種の規定をおいています。

コラム12 OECDモデル租税条約と国連モデル租税条約の違い ～PE規定は国連型に～

　OECDモデル租税条約と国連モデル租税条約という2つのモデル租税条約があります。
　OECDモデル租税条約は1963年に制定されました。これはOECD加盟国に対して強制力を持つものではありませんが、先進国間で租税条約を締結する場合には、OECDモデル租税条約の内容に準拠して租税条約を締結することが多くあります。
　一方、国連モデル租税条約は1979年に制定されました。こちらも国連加盟国に対して強制力を持つものではありませんが、その規定は、新興国・開発途上国の利害を反映したものとなっています。すなわち、国連モデル租税条約は、OECDモデル租税条約よりも、先進国（居住地国）から多く資本を受け入れている新興国・開発途上国（源泉地国）の課税権が多く確保されるように条文等が規定されています。例えば、国連モデル租税条約の第5条3項の建設PEの基準は12ヵ月ではなく6ヵ月になっており、建築工事の監督活動やコンサルタントによる役務提供も建設PEの範囲に含まれています。第4項のPEに当たらない活動では、「引渡し」がPEの例外になるとは明記されていません。第5項の代理人PEには、在庫保有代理人（代理人としての権限は有しないが、企業の商品等の在庫を保有し、かつ、当該企業に代わって、在庫の引渡しを行うこと）も含まれることが明示されています。さらに、第6項では、OECDモデル租税条約にはない保険PE（保険の代理人についてPEとみなす）の規定があります。新興国・開発途上国との間で締結している租税条約では、この国連モデル租税条約に準拠しているものが多くあります。
　もともと、BEPSプロジェクトでは、行動計画において「国境をまたぐ所得に対する課税権の配分についての既存の国際基準を変更することを直接の目的としているわけではない」と明記していました。しかし、今回、BEPS最終報告書においてPE認定の人為的回避を防止するための勧告を行うなかで、OECDモデル租税条約の第5条の規定が、国連モデル租税条約のように、より居住地国から源泉地国への課税権の配分を重視する方向で見直されます。

Q102.
BEPS最終報告書ではどのような内容が勧告されたのですか

> **Point**
> PE認定の人為的な回避を防止するために、OECDモデル租税条約の第5条及びその解説文であるコメンタリーを改訂し、PEの範囲を従来よりも拡大するよう勧告しました。

　近年、多国籍企業の一部がPE認定を人為的に回避し、事業活動が行われた国で税源浸食が生じているとの指摘がなされるようになっていました。

　具体的には、グローバルなオンライン通販会社が、外国における巨大倉庫を出荷等の物流拠点として活用し事業活動を営んでいるにもかかわらず、その拠点がPEと認定されず、その外国において法人税が課税されないというケースがありました。また、外国における販売子会社（自らのリスクで仕入・販売を行う会社）を、機能・リスクの低いコミッショネア（自己の名義で契約を行うが、親会社のために親会社が所有する物品等を販売する者であり、在庫リスクを負わない）等の業態に置き換え、子会社の課税所得を減少させ、さらに、そのコミッショネアが親会社の代理人PEに認定されないというケースもみられました。

　BEPS最終報告書では、このようなPE認定の人為的な回避を防止するために、OECDモデル租税条約の第5条及びその解説文であるコメンタリーを改訂し、PEの範囲を従来よりも拡大するよう勧告しています。

　具体的には、次のとおり、①第5項・第6項について、代理人PEの範囲を拡大し、独立代理人の範囲を限定する、②第4項について、これまで準備的・補助的活動としてPEに当たらないとされてきたものの一部をPEと認定する、③第3項・第4項に関して、企業活動の分割によるPE認定の人為的回避を防止することとされました。

項	現行の規定	勧告内容
第3項	建築工事現場・据付け工事現場等が12ヵ月を超える期間存続する場合には、PEとする	密に関連する企業（50％超の支配関係にある企業）等を利用し、意図的に契約期間が12ヵ月を超えないよう分割した場合には、分割された契約期間を自動的に合算することとする
第4項	商品等の引渡し、展示、保管、購入、情報収集、その他準備的・補助的活動はPEには当たらない	活動の種類ではなく、実質から判断し、準備的・補助的性質の活動のみ、PEに当たらないこととする 細分化された業務であっても一体として運営されており、あわせてみれば準備的・補助的といえない場合、PEに当たることとする
第5項	企業に代わって行動する者（第6項の場合を除く）が、当該企業の名において契約を締結する権限を有し、かつ、この権限を反復して行使する場合には、当該企業のPEとする（これを代理人PEという）	現行の規定に加え、①企業に代わって行動する者の名によって、当該企業の所有する物品、役務の提供に関し、企業に代わって行動する者が契約する場合や、②企業に代わって行動する者が契約の締結に繋がる主要な役割を担っている場合も、代理人PEに当たることとする
第6項	独立の地位を有する代理人（独立代理人）は代理人PEに当たらない	専属的に親会社等のための業務を行う代理人は独立代理人に当たらないこととする

Q103.
代理人PEについて、どのような内容が勧告されたのですか

Point

代理人PEの定義が拡大され、①企業に代わって行動する者の名によって当該企業の所有する物品、役務の提供に関し、企業に代わって行動する者が契約する場合や、②企業に代わって行動する者が「契約の締結に繋がる主要な役割」を担っている場合には、企業に代わって行動する者は代理人PEに当たるとされました。

現行のOECDモデル租税条約第5条5項では、「企業に代わって行動する者（第6項の場合を除く）が、一方の締約国内で、当該企業の名において契約を締結する権限を有し、かつ、この権限を反復して行使する場合には、当該企業は、その者が当該企業のために行うすべての活動について、当該一方の締約国内に恒久的施設を有するもの」とされます。

例えば、X国にA社、Y国にB社があるとします。これを現行の第5項にあてはめると、B社がA社の名において契約を締結する権限を有し、かつ、この権限を反復して行使する場合には、…A社はY国にPEを有する（すなわち、B社はA社の代理人PEとなる）、ということになります（図表39参照）。

この現行の第5項がタックス・プランニング、すなわちPE認定の人為的回避に利用されたため、今回、改訂を行う必要に迫られました。ポイントは2つあります。

1つは「A社の名において」との文言です。この文言を逆手に取れば、A

図表39◆代理人PEとなる例（現行第5条5項）
現行、A社の名において契約を締結する権限を有し、
反復して行使するB社は、A社の代理人PEとなる

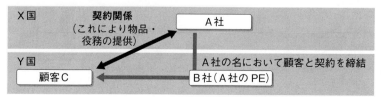

社の名においてではなく「B社の名において」契約を締結する、しかし、図表40左のように、実際の物品・役務の提供は依然としてA社が行う、という形態をとることで、PE認定を回避できます。

もう1つは「契約を締結する権限を…行使する」との文言です。図表40右のように、B社が顧客との実質的な交渉を行い、契約をまとめたといってよいような場合でも、契約の締結を最終的にB社ではなくA社自身が行うよう形式さえ整えれば、権限を「行使」したことにはならないので、PE認定を免れることができます。

そこで、BEPS最終報告書では、次のように、OECDモデル租税条約の条文を改訂するよう、提案がなされました。今後、この新しい規定に基づいて、多国間協定等により個別条約におけるPEの定義が改訂されていくことになります。

> 第5条5項：一方の締約国内で企業に代わって行動する者（第6項の場合を除く）が、その行動において反復して、次のいずれかに該当する契約を締結し、または、<u>当該企業による重要な修正が行われることなく規定どおりに（ルーティンに）締結される契約の締結に繋がる主要な役割を果たす場合には、</u>当該企業は、その者が当該企業のために行うすべての活動について、当該一方の締約国内に恒久的施設を有するものとされ

図表40◆人為的に第5条5項を回避している事例

○現地のB社が顧客Cとの契約の当事者となるが、実際に商品・役務を提供するのはA社であるケース。B社はA社の代理人PEにならない。

○実質的な交渉は現地のB社が行うが、実際の契約はA社が締結することにより、B社のPE認定を回避するケース

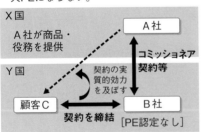
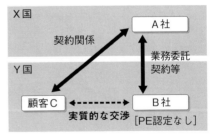

る。
- a) 当該企業の名において締結する契約
- b) <u>当該企業が所有する、または使用権を有する財産に係る所有権の移転または使用権の許諾のための契約</u>
- c) <u>当該企業が役務を提供するための契約</u>

このため、図表40の左の例では、契約がA社の名においてではなく、B社の名において締結された場合であっても、A社による物品・役務の提供に関するものである場合には、代理人PEの要件を充たすこととしました。また、図表40の右の例では、B社が契約を締結する権限を実際に行使していなくても、「契約の締結に繋がる主要な役割」を担っていれば代理人PEに該当することとなりました。これらの結果、いずれのケースにおいても今後、B社はA社の代理人PEとして認定されることになります。

また、代理人PEから除外するものを定める現行の第5条6項では、「企業は、通常の方法でその業務を行う仲立人、問屋その他の独立の地位を有する代理人を通じて一方の締約国内で事業を行っているという理由のみでは、当該一方の締約国内に恒久的施設を有するものとはされない」とされており、代理人業を通常業務として行う者（独立代理人）は代理人PEにならないとされていました。

しかし、BEPS最終報告書では、第6項の全面改訂が勧告されました。それによれば、仲立人、問屋等の独立代理人の例示が削除されるとともに、専属的に又はほとんど専属的に一以上の密に関連する企業のためにのみ業務を行う者は、代理人PEとなる（独立代理人には当たらない）とされました。そして、「密に関連する」とは、外国親会社との関係等、50％超の支配関係がある場合であるとされました。

Q104.
準備的・補助的活動について、どのような内容が勧告されたのですか

Point

第5条4項について、活動の性質を実質的に判断して「準備的・補助的性質」かどうかを判定するように改訂されました。「オンライン販売のための巨大倉庫」は、実質的に判断して準備的・補助的性質ではないため、PEと認定されます。

　これまでは、OECDモデル租税条約の第5条4項により、商品の保管、展示、引渡しや購入、情報収集のみを行う場所等は、準備的・補助的活動であるとして、PEの例外とされていました。しかし、図表41の問題となる事例のように、インターネット取引が活発化し、倉庫等の機能が高度化するなかで、グローバルなオンライン通販会社が、他の国（Y国）においてその事業の本質的かつ重要な部分を構成する活動を行っている場合でも、その国（Y国）における拠点が保管や引渡しのための倉庫でしかないために、PEの例外とされ、課税が及ばず、倉庫の所在地国（Y国）の課税権が不当に損なわれているのではないかと指摘がなされていました。

　そこで、このような新しいビジネスの実態に対応し、事業活動を行う国での適切な課税を確保すべく、第5条4項を改訂し、企業の活動が準備的・補助的活動であるか否かを、活動の性質から実質的に判断するようにして、課

図表41◆オンライン販売の巨大倉庫（問題となる事例）

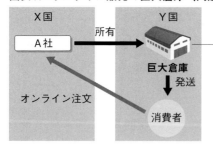

税できることとしました。すなわち、商品の保管、展示、引渡しや購入、情報収集のみを行う場所等であっても、その活動が企業全体の活動の本質的かつ重要な部分を構成するのであれば、準備的・補助的活動ではなく、PEに該当することになりました。この結果、図表41における巨大倉庫はPEと認定されることになります。

　なお、公開討議草案の段階では提案されていませんでしたが、BEPS最終報告書では、個別の租税条約の合意により、商品の保管、展示、引渡しや購入、情報収集等の第5条4項で列挙された特定の活動を自動的に準備的・補助的なものとすることも可能とされました。つまり、この規定により、特定の活動を引き続きPEの例外とすることも考えられます。そのため、実際にPEに当てはまるかどうかが問題となる場面では、個々の租税条約の規定を十分に確認することが重要です。

Q105.
企業活動の分割について、どのような内容が勧告されたのですか

> **Point**
> 企業の2つ以上の活動が個別には準備的・補助的活動であっても、一体として運営される事業であり、あわせて見れば準備的・補助的活動といえない場合には、PEに当たるとしました。また、建築工事に関する契約期間を分割することで建設PEの認定を回避する事案に対処すべく、契約期間を自動合算することとしました。

　これまで、企業活動を業務や期間で分割することで、PE認定を回避するケースがありました。

　企業活動を業務で分割した場合、それぞれ細分化された活動自体は準備的・補助的な性質を有することになるため、PEに当たらず、課税を逃れることが可能となっていました。そこで、BEPS最終報告書では、まず、2つ以上の活動が個別には準備的・補助的活動であっても、一体として運営されており、あわせてみれば準備的・補助的活動とはいえない場合には、PEに当たるものとされました（第4項に枝番を新設）。これは、1つの会社における2以上の活動の分割に加え、50％超の支配関係にある密に関連する企業同士の関係における2以上の活動の分割も当てはまります。

　例えば、BEPS最終報告書では、銀行が海外のS国で支店（PE）を有し、ローンの申請を受け付ける、そしてS国に別途設置している事務所が、そのローン申請者に関する情報の検証を行う、というケースにおいて、事務所の業務だけをみれば準備的・補助的といえるかもしれないが、支店の活動と一体としてみると準備的、補助的とはいえないことから、事務所はPEに該当する、と説明されています。

　また、契約期間の分割については、現状、12ヵ月を超える建築工事現場等はPEと認定されますが（第3項、建設PE）、密に関連する企業を利用することにより、例えば13ヵ月の工事契約を7ヵ月＋6ヵ月と分割して2つの契約を締結することでPE認定を人為的に回避する事例があったため、このよ

うな場合には分割された契約期間を自動合算する（第3項コメンタリーを改訂）などの対応をとることとしました。

Q106.
日本の経済界の主張はどのように反映されているのですか

> **Point**
> 公開討議草案にあった不明瞭な文言や、日本企業にとってとりわけ懸念が大きかった引渡し等のための倉庫の取扱いについてOECDモデル租税条約第5条の改訂案の文言が修正されるとともに、コメンタリーの記述が充実しました。

　行動7については、2014年10月、2015年5月の2回、OECDから公開討議草案が公表され、そのいずれにも経団連として意見を提出しました。

　そのなかで、経団連として、源泉地国における不当な税源浸食の防止、デジタル・エコノミーへの対応、企業間の平等な競争条件の確保の観点から、OECDの取り組みに基本的に賛成する一方、それらの観点を超えてPEの範囲を拡大し、PE認定における実質的判断の要素を強めれば、二重課税が発生するリスクが極めて高くなるため、PEの定義・閾値については、「できるかぎり客観的かつ明確なものにすべき」と意見しました。この結果、公開討議草案と比べ、BEPS最終報告書におけるOECDモデル租税条約の条文、コメンタリーはより詳細なものになっています。

　具体的には、第5条5項の代理人PEの範囲の拡大について、2015年5月に公表された公開討議草案では、企業に代わって行動する者が「契約の重要な要素を交渉する」ことでPEに当たるとされていましたが、経団連から「文言の対象・外延が不明確であり、課税当局による恣意的な解釈を招きうる」と意見しました。このため、BEPS最終報告書では、「契約の締結に繋がる主要な役割を果たす」という文言に変更されています。

　また、第5条の第3項や第6項等における「密に関連する企業」については、公開討議草案の段階では、その基準が50％「以上」の支配関係となっていました。そこで、経団連から、他の企業と50％－50％で出資している合弁企業まで対象に含まれるのは不合理であると意見し、これを受けて、BEPS最終報告書では50％「超」の支配関係に変更されました。

第2節　PE認定の人為的回避の防止（行動7）

第5条4項についても意見が反映されています。日本企業がB to B取引において、外国のメーカー等に対して部品等を供給する場合に、供給側が調達側の便宜のために、部品等を調達側に近接した倉庫で管理するVMI（Vendor Managed Inventory）という事業形態がみられます。ここでの倉庫は「引渡し、保管または加工」のための施設であり、従来はPEに当たらないとされてきましたが、公開討議草案では、引渡しに係る活動でも、企業の本質的な活動である場合、PEに当たるとの考えが示されており、特に新興国等でPEに認定されうることが懸念されていました。このため、経団連からは、VMIの倉庫は事業上の必要性から生じたものであり、租税回避の意図はない旨を意見しました。BEPS最終報告書では、OECDモデル租税条約のコメンタリーの改訂案で「顧客に販売された機械の予備部品を納入するためだけにある施設」は準備的・補助的性質であり、PEに当たらないことが例示されました。また、加工に関する準備的・補助的活動に関する事例も盛り込まれています。これらの例示のみでは、VMI倉庫がPE認定されないかどうか明確ではないものの、経団連の主張に対して一定の配慮がなされました。

Q107.
企業としてはどのような点に注意が必要ですか

Point

新興国等の課税当局から不当にPEと認定され、突然、課税を受けることのないように、海外の事業拠点について、人員・活動内容を精査し、迅速かつ的確な反論ができるように準備をすべきです。

　BEPS最終報告により、これまで述べたとおり、PEの範囲が拡大されますが、十分に明確な線引きがなされておらず、日本企業が進出する新興国等において、PE認定をめぐって課税当局と紛争が起こる可能性が高まります。例えば準備的・補助的活動については、今後PEと認定されることが明らかとなったオンライン販売のための巨大倉庫以外に、どのような場合にPEと認定されるかは必ずしも明確ではなく、積み残しの課題といえます。

　とりわけ、製品の引渡しに関する倉庫について依然懸念が残ります。**Q106**で説明したとおり、「顧客に販売された機械の予備部品を納入するためだけにある施設」等は準備的・補助的性質であり、PEに当たらないとして例示されていますが、依然、VMIの倉庫も含め、日本が新興国等で設けた引渡しに関する倉庫について、企業の本質的かつ重要な活動の拠点であり、PEに当たると判断される可能性があります。

　企業がとるべき対策としては、まず新興国等の課税当局から不当にPEと認定されないように、海外の事業拠点について、人員・活動内容を精査し、課税当局から何らかの指摘がなされた際に、迅速かつ的確な反論ができるように準備をする必要があります。

　また、PEと認定され課税処分がなされた場合には、その課税処分について裁判で争うことができます。もっとも一部の新興国では、裁判で課税処分が取り消されるケースもみられるようですが、多くの国では、裁判で課税処分を覆すことが難しいのが実情といえます。

　さらに、海外の事業拠点がPEに認定されたとしても、PE所在地国の事業

と関連する所得がすべてPEに帰属するとは限りませんので、PEに帰属する所得を適正なものとするように強く主張すべきです。あくまでもPEが独立した企業であったならば帰属する所得に対してのみ課税することが基本だからです。なお、PEに帰属する所得については、2016年末までにOECDでガイダンスが作成される予定です。

　それでも、海外において不当にPEとして認定され、高額の課税がなされる場合には、日本の課税当局に訴え、課税当局間での相互協議をするよう求めることも1つの選択肢です。

Q108.
今後の注目ポイントは何ですか

> **Point**
> 各国が結んでいる租税条約の改訂は、2016年12月までに行動15「多国間協定の開発」において結論を出すこととしています。今後、行動15の動向に注意が必要です。

　BEPS最終報告書の勧告に従って、OECDモデル租税条約の改訂が行われることになります。これを踏まえ各国は、それぞれが結んでいる租税条約の見直しをすることとなりますが、世界中には3,000を超える租税条約があるとされ、1つひとつ改訂していてはいつまで経っても作業が終わりません。そこで、関係国の条約の規定について、一斉に見直しを行うべく、現在、行動15「多国間協定の開発」において検討が進められています。多国間協定は2016年12月までに結論を出すこととされているため、今後の動向に注視する必要があります。

　また、**Q107**でも説明した通り、PEに帰属する所得については、2016年末までにOECDでガイダンスが作成される予定であり、この内容についても十分に注視することが必要です。

コラム13　AOAと帰属主義

　PEに帰属すべき所得の算定については、従来、その解釈や運用が各国で統一されていなかったため、結果として二重課税・二重非課税を効果的に排除することができていないとの問題提起がなされていました。そのため、今回の行動7に先立って、OECDでは、2010年7月にモデル租税条約第7条（事業所得）を改訂して、PEに帰属すべき所得の算定アプローチ（「OECD承認アプローチ」AOA：Authorised OECD Approach）を定式化しています。OECD承認アプローチは、①PEの果たす機能及び事実関係に基づいて、外部取引、資産、リスク、資本をPEに帰属させ、②PEと本店等との内部取引を認識し、③その内部取引が独立企業間価格で行われたものとしてPE帰属所得を算定するものです。このOECD承認アプローチでは、PEを企業本体から分離独立した別個の企業と見なしてPE帰属所得を算定する「機能的分離企業アプローチ」が採用されています。

　これに伴い、日本の外国法人等に対する課税原則も、国内法では、これまで「総合主義（全所得主義）（＝国内にPEを有する場合に国内源泉所得を総合合算する）」が採用されてきましたが、OECD承認アプローチが採用されたことで、平成26年度税制改正において国内法においても「帰属主義（＝PEに帰属する所得についてのみ合算課税する）」を採用することとしました。

　もう少し具体的に説明すると、総合主義では、日本国内に外国法人のPEがある場合には、当該PEに帰属しない所得を含めてすべての国内源泉所得に課税することとされていました。例えば日本にPEを有する外国法人が、PEを介さずに外国の本店のオペレーションとして、日本の証券市場で日本法人の株式を売却し、譲渡益を得た場合には、本店の直接のオペレーションであるにもかかわらず、PEが日本にあるために日本で法人税を納税申告することとなります（これを「吸引力」といいます）。他方、帰属主義では、上記のようなPEに帰属しない所得は、たとえ国内源泉所得であっても、日本のPEにおける所得として合算されません。一方で、国外源泉所得であっても、日本のPEに帰属する所得は、帰属主義のもとで合算の対象となります。

　日本では、この帰属主義の採用により、国内に支店等のPEを有する外国法人に係る法人税の課税標準がPE帰属所得及びPE帰属所得以外の国内源泉所得（国内資産譲渡所得等）の2区分とされるとともに、PE帰属所得については独立企業原則の考え方に基づき計算されることとなりました。

　この帰属主義の採用による改正は2016年4月1日以降開始事業年度の所得に対する法人税及び2017年分以降の所得税から適用されます。

第3節　紛争解決メカニズムの効率化（行動14）

Q109.
国際課税において、紛争が発生するのはどのような場合ですか

Point

「租税条約の規定に適合しない課税」が行われ、二重課税が発生する場合等です。

　一般的に二重課税は、1つの所得に対して複数の課税がなされることをいいますが、二重課税は国際的な貿易・投資の阻害要因となることから、各国は租税条約において、二重課税の除去・軽減を図っています。

　具体的には、PE（恒久的施設）に帰属する所得は事業所得とされ、租税条約上、源泉地国（所得が発生した国）における課税が優先されます。そのため、居住地国（所得を得た企業が本店を置く国）が外国税額控除制度（**Q8**のコラム2参照）等によって、二重課税を排除することになります。

　一方、利子・配当・ロイヤルティといった投資所得については、源泉地国での課税を抑えるとともに、居住地国で外国税額控除を行うことで、租税条約上、二重課税の除去・軽減を図っています。

　移転価格税制については、独立企業原則と異なる取引が行われ、一方の国において移転価格課税が行われることとなる場合、租税条約上の規定があれば、相手国は、一方の国での移転価格課税が確かに独立企業原則に則ったものであるとみられるときは、一方の国で課税対象となった所得に見合う部分に係る調整、すなわち、それに伴う税額還付を自国で行うことが求められます。このような措置を対応的調整といい、これによって二重課税の除去がなされることになります。

　ただし、「租税条約の規定に適合しない課税」が行われた場合には紛争が生じることになります。例えば、PEについては、租税条約に規定されてい

る範囲を超えて、企業の進出先国が安易にその存在を認定してくるかもしれません。また、PEに帰属する所得についても、過大な額を認定してくる可能性があります。

また、投資所得については、行動6で勧告されたPPT（主要目的テスト）が発動され、租税条約上の源泉税率の減免が源泉地国の課税当局によって否認される可能性がありますが、企業からみれば正当な業務上の理由に基づく取引について条約を適用しているにもかかわらず、課税当局が恣意的に条約の濫用であると判断するかもしれません。租税回避を行っていない企業に対し、源泉税率の減免という特典を付与しないのは、投資交流の促進という租税条約の本来の目的に反します。

移転価格税制については、課税当局としては独立企業原則に則って移転価格課税を行ったと主張するかもしれませんが、企業としては、課税当局の主張こそ独立企業原則に則っていないと反論するかもしれません。

これらの例からも分かるように、企業がグローバルにビジネスを行う上で、「租税条約の規定に適合しない課税」が発生するリスクは常に存在しています。

Q110. 国際課税において紛争が発生した場合、企業はどうすればいいのですか

> **Point**
> 租税条約の規定に基づき、企業は課税当局に相互協議を求めることができます。また、相互協議が合意に達しない場合には仲裁を求めることができる租税条約もあります。

　国際課税において紛争が発生した場合の解決方法には相互協議があります。これは租税条約の相互協議条項に従い、納税者の要請に基づき、租税条約締結国の課税当局間で行われる政府間協議です（**Q111**参照）。

　しかし、相互協議に合意義務はありません。そこで、相互協議が一定期間（通常2年）内に合意できなかった場合には、納税者の申立てにより第三者である仲裁人に解決を付託し、その決定が両国の課税当局を拘束する「仲裁」という方法を採用している租税条約もあります（**Q112**参照）。

　全体のイメージは図表42のとおりです。

　また、このような二重課税・紛争がそもそも発生しないよう、移転価格税制においては、関係する課税当局に事前に国外関連取引の価格について確認を得る事前確認（APA）の制度も各国で採られています。

図表42◆国際課税における紛争解決の流れ

例： A国の親会社XがB国の子会社Yに原価60万円の商品を90万円で販売し、子会社Yは
100万円で消費者に販売
A国の課税当局：親会社Xの30万円（90－60＝30）の所得に対して課税
B国の課税当局：XとYに親子の資本関係が無ければ譲渡価格は90万円ではなく80万円であっ
ただろうと見なして、取引価格を80万円に引き直し、10万円（100－90＝10）
ではなく20万円（100－80＝20）の所得があったとして課税

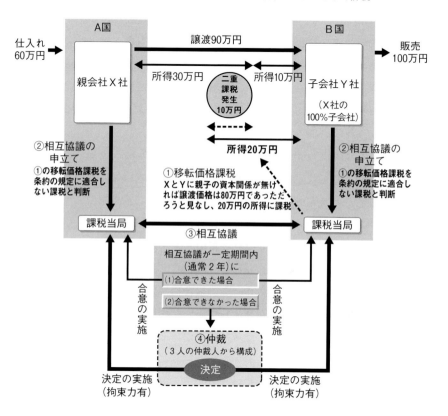

Q111.
相互協議とは何ですか

Point

租税条約の規定に適合しない課税が行われた場合(あるいはその具体的なおそれがある場合)、企業は、租税条約に基づく両国間の相互協議を求めることができます。

　租税条約の規定に適合しない課税が行われた場合(あるいはその具体的なおそれがある場合)、企業は、租税条約に基づく両国間の相互協議を求めることができます。相互協議が行われる場合、両国の課税当局は事案について詳細な検討を行い、適切な課税内容の合意に達するように努めることとされています。

　租税条約において、相互協議を行う者は「権限のある当局(Competent Authority)」として規定され、日本の場合は「財務大臣又は権限を与えられたその代理者」と規定されています。実務的には、二重課税のような個別事案に係る相互協議については、国税庁長官官房相互協議室が、各事案の具体的検討を相手国課税当局との間で行っています。なお、相互協議のほとんどは個別事案関係ですが、「条約の解釈又は適用に関して生じる困難又は疑義」の場合にも相互協議が可能であり、この場合には財務省主税局が行います。

　2016年3月31日現在、日本が締結している二国間の租税条約及び情報交換協定は64条約・協定(75ヵ国・地域)ですが、そのうち59の租税条約及び情報交換協定(70ヵ国・地域)において相互協議に関する規定が置かれています。相互協議の国別発生件数はやはり日本との経済関係が強い国との間で多く、近時は中国やインド等のOECD非加盟国との件数もかなり増加しています。相互協議事案で件数が多いのは、移転価格に係る事前確認の事案であり、相互協議事案全体の約8割を占めます。その他は、移転価格課税、PE課税等です。

　相互協議事案は日本の場合、平均約2年で処理されていますが、それぞれの国の利害、すなわち税収面での国益が関係することから、合意に至るのに

時間が掛かることが多く、また困難も伴います。両国とも自らが主張する課税額を維持したいでしょうし、還付額をできるだけ少なくしたいのが一般的であるからです。課税処分に関して、課税の行われた国の国内手続上の訴訟等で課税当局と争うことも可能ですが、納税者の全面勝訴とならない限り、二重課税が残り得ることとなります。したがって、相互協議の合意が二重課税除去の観点からは望ましいのですが、合意できない可能性も残ること、解決に時間が掛かることから、その改善策として、近時各国の租税条約に強制的・拘束的仲裁規定が導入されてきています。仲裁を導入することで、相互協議を促進することも意図されています。

Q112.
仲裁とは何ですか

> **Point**
> 仲裁は、相互協議が一定の期間（通常2年）内に合意できなかった場合に移行するものであり、仲裁人の決定は課税当局に対する義務的拘束となります。

　仲裁（arbitration）は、相互協議が一定の期間（通常2年）内に合意できなかった場合に移行するものであり、仲裁人の決定は課税当局に対する義務的拘束となります。すなわち、単なる勧告とは異なって、仲裁人の決定が出れば、関係する課税当局はそれに従ってその内容を実現するための国内手続を進めることが必要となります。ただし、仲裁は納税者を拘束するものではありません。

　仲裁人は、一般に、まず両課税当局がそれぞれ1人（両国の課税当局の職員及び申立てられた事案にこれまで関与した者は除外）を選任し、選任された仲裁人2人が3人目の仲裁人（委員長）を選びます。委員長は、両国にとって公平な判断ができるよう、通常、国籍及び居所を考慮して選任されます。また、仲裁の内容として、両課税当局それぞれが提出した解決案のいずれかを選択することしかできない場合（Last best offer方式）と、仲裁人がそれらにとらわれずに自ら自由に解決を提示することができる場合（Independent option 方式）とがあります。前者の方が、両課税当局は合理的な案を当初から提示することになるといわれ、米国が主導しています。

　日本においては、2016年3月31日現在、6ヵ国・地域（香港、オランダ、ポルトガル、ニュージーランド、スウェーデン、英国）との租税条約に仲裁規定が含まれていますが、これまでのところ仲裁に移行した事例は報告されていません。欧州及び米国では、これまでに数件の仲裁事例があるといわれています。

Q113.
BEPSプロジェクトにおいて、「紛争解決メカニズムの効率化」が提起された背景は何ですか

Point

二重課税を排除する手段である相互協議が、様々な障壁により必ずしも有効に機能していない現状があるためです。

　これまでの章で紹介があったように、BEPS最終報告書では、様々な措置が勧告されていますが、これらの勧告に従って新ルールが導入されると、移転価格税制やPE課税等において、租税条約の規定に適合しない予期せぬ二重課税が新たに発生し、企業にとっては却って税務上の不確実性が増大するおそれがあります。

　そうした二重課税を排除するとともに、ビジネスを行う上での確実性と予測可能性を確保するための手段として、事前確認制度も含めた相互協議があるのですが、現状、国によっては、移転価格税制において対応的調整が行われていない、事前確認合意について過年度への遡及適用が行われていない、納税者が申立てを行う際に過剰な情報提出を要求されるなど、相互協議が様々な障壁により必ずしも有効に機能していないとの指摘があります。そこで、相互協議の利用を妨げている障壁を取り除き、より実効的なものとすること、また、その実効性を更に強化するためには強制的・拘束的仲裁制度の導入を促すことも考えられる、というのが、「紛争解決メカニズムの効率化」（行動14）が提起された背景です。

　ただし、強制的・拘束的仲裁制度については、第三者である仲裁人の決定に拘束されることは課税主権の侵害であると考える国もあり、当初からBEPSプロジェクトの参加国間でコンセンサスが取れていなかったため、まずは相互協議の利用を妨げている障壁を取り除き、有効に機能させるという方針でOECDでの議論は進められました。

Q114.
BEPS最終報告書ではどのような内容が勧告されたのですか

Point
相互協議を効果的に実施するためのミニマム・スタンダードが勧告されました。

　BEPS最終報告書では、相互協議を効果的に実施するため、次の３項目からなるミニマム・スタンダードが勧告されました。
　１つ目は、相互協議に係る租税条約上の義務の誠実な履行と相互協議事案の迅速な解決に関する措置で、相互協議に関する条項をすべての租税条約において導入し相互協議の機会を提供するとともに、その合意内容を実施することや、平均24ヵ月以内で相互協議事案の解決を図ることを目標とすること等が挙げられています。
　２つ目は、租税条約に関連する紛争の防止及び迅速な解決を促進するための行政手続の実施に係る措置で、相互協議を利用するための明確なガイダンスを課税当局のウェブサイト等で公表すること、一定の場合に事前確認合意を過年度へ遡及適用することを認めること等が挙げられています。
　３つ目は、相互協議の要件を満たした納税者に申立ての機会を保証するための措置で、申立ての際に納税者が提出すべき情報及び文書をガイダンスのなかで特定すること等が挙げられています。
　そして、これらの効果的な実施を保証するため、各国におけるミニマム・スタンダードの実施状況をモニタリングすることとされました。具体的には、詳細な調査事項及び評価方法に基づき、2016年から相互モニタリングプロセスを開始し、2017年末までに最初の報告書が公表されることとなります。
　また、ベスト・プラクティスも、それぞれの項目について策定されています。
　なお、日本及び欧米主要国の課税当局や企業側からの関心が強い租税条約

上の強制的・拘束的仲裁については、ミニマム・スタンダードとしては、各国が単に仲裁制度を導入するかどうかの立場を表明することを求められるだけにとどまっているものの、日本を含む20ヵ国（＊）が二国間租税条約に強制的・拘束的仲裁条項を入れることを約束し、それらの国々で行動15（多国間協定の開発）の枠組みの一部として、具体的規定の策定作業を継続していくこととなりました。

（＊）豪州、オーストリア、ベルギー、カナダ、フランス、ドイツ、アイルランド、イタリア、日本、ルクセンブルク、ニュージーランド、オランダ、ノルウェー、ポーランド、スロベニア、スペイン、スウェーデン、スイス、米国、英国

図表43◆ミニマム・スタンダード及びベスト・プラクティス一覧

ミニマム・スタンダード	ベスト・プラクティス
1．相互協議に係る租税条約上の義務の誠実な履行と、相互協議事案の迅速な解決に関する措置	
①相互協議に関する条項をすべての租税条約において導入し、相互協議の機会を提供するとともに、その合意内容を実施する。 ②租税条約濫用の疑いがある場合にも相互協議の機会を提供する。 ③平均24ヵ月以内で相互協議事案の解決を図ることを目標とする。 ④FTA MAP Forum（FMF：税務行政フォーラムにおける相互協議フォーラム）のメンバーとなり、課税当局間の関係を強化する。 ⑤FMFと共同で策定する報告書の枠組みに従って、相互協議に関する統計を適時報告する。 ⑥ミニマム・スタンダードの実施状況について、審査を受ける。 ⑦仲裁制度に対する立場を表明する。	①租税条約のなかに「対応的調整」に関する条項を入れる。
2．租税条約に関連する紛争の防止及び迅速な解決を促進するための行政手続の実施に係る措置	
①相互協議を利用するための明確なガイダンスをウェブサイト等で公表する。 ②FMFと共同で策定するテンプレートに従って、自国の相互協議の概況を公表する。 ③相互協議を担当する課税当局職員の独立性確保のため、内部ガイダンス等を整備し、相互協議で合意した内容を適時実施する。 ④課税当局及び職員の業績指標に関する内部手続を整備する。 ⑤相互協議関連の業務に十分なリソースを確保する。 ⑥課税当局と納税者の間で和解した場合も相互協議の機会を制限しないことを、ガイダンスのなかで明確にする。 ⑦一定の場合に事前確認合意を過年度へ遡及適用することを認める。	①将来の紛争の予防に役立てるべく、「租税条約の解釈又は適用に関して生じる困難又は疑義」について課税当局間で合意に達した内容を公表するための手続を整備する。 ②国際案件に関与する課税当局の"グローバル意識"を高める。 ③二国間事前確認制度を実施する。 ④複数年分の同一論点について、一括して相互協議を申立てすることを認める。
3．相互協議の要件を満たした納税者に申立ての機会を保証するための措置	
①相互協議の申立てをいずれの締約国に対しても行えるように租税条約を改訂する（又は、相互協議の申立ての正当性について、両締約国間で通知又は協議を実施する）。 ②相互協議の申立ての際に納税者が提出すべき情報及び文書をガイダンスのなかで特定する。 ③租税条約のなかに「相互協議で成立した合意はいかなる期間制限にもかかわらず実施する」という条項を入れる。 　租税条約のなかにこの条項を入れることができない場合は、期間制限を設けた代替条項を受け入れるようにする。	①相互協議が継続中の事案に係る税の徴収を猶予するための適切な措置を講ずる。 ②紛争解決手段としての相互協議申立てを促進する適切な手続を実施する。 ③相互協議と国内法救済措置との関係に関するガイダンスを公表する。 ④納税者の自発的調整の場合も相互協議の機会を認める。 ⑤相互協議における利子及び罰金に関する見解をガイダンスで示す。 ⑥多国間相互協議及び事前確認制度に関する指針をガイダンスで示す。

Q115.
日本の経済界の主張はどのように反映されているのですか

> **Point**
> 日本を含む20ヵ国が二国間租税条約に強制的・拘束的仲裁条項を入れることを約束し、具体的規定の策定作業を継続していくことになりました。

　紛争解決メカニズムの効率化（行動14）に関して、経団連は、①すべての租税条約に強制的・拘束的仲裁条項を導入することが重要であり、導入されれば相互協議の促進、紛争解決に大きく前進する、②仲裁は、仲裁人による中立的な判断、及び紛争解決に係る課税当局のリソース削減等、先進国・新興国ともにメリットがある、として、まずは相互協議の利用を妨げている障壁を取り除き、それを有効に機能させるというOECDの取り組みを評価しつつも、今回の議論を通じて強制的・拘束的仲裁条項の導入に対しBEPSプロジェクトの参加国間でコンセンサスが取れていない状況をOECDが乗り越えることを期待していました。

　結果として、仲裁の導入自体はミニマム・スタンダードにはならなかったものの、日本を含む20ヵ国が二国間租税条約に強制的・拘束的仲裁条項を導入することを約束し、それらの国々で行動15（多国間協定の開発）の枠組みの一部として、具体的規定の策定作業を継続していくことになったことは、一定の前進となりました。

　また、相互協議の利用を妨げている障壁を取り除くためのミニマム・スタンダードについては、経団連の主張と概ね一致しています。

　なお、対応的調整（**Q109参照**）については、現状、租税条約にこの規定を導入していない国もあり、その場合、相互協議の利用が妨げられるおそれがあります。経団連は対応的調整の規定をすべての租税条約に早期に導入すべきと主張していましたが、BEPS最終報告書ではベスト・プラクティスの扱いとなりました。

第2編◆企業へのインパクト

Q116.
今後の注目ポイントは何ですか

> **Point**
> ミニマム・スタンダードの各国における実施状況について、注視する必要があります。

　BEPS最終報告書では、紛争解決メカニズムの効率化に関し、ミニマム・スタンダードとベスト・プラクティスがそれぞれ勧告されましたが、今後はミニマム・スタンダードが各国において確実に実施されることが何よりも重要になります。2016年から詳細な調査事項及び評価方法に基づき、相互モニタリングプロセスが開始されることになっていますので、各国におけるミニマム・スタンダードの実施状況について、注視していく必要があります。

　企業としては、国際課税において紛争が発生した際には、その解決手段の1つとして相互協議を積極的に利用していくとともに、もし進出先国において、ミニマム・スタンダードが遵守されていない場合には、課税当局に対し率直に意見を述べることも時には必要になると思われます。

　また、強制的・拘束的仲裁についても、日本を含む導入意思のある20ヵ国が、行動15（多国間協定の開発）の枠組みの一部として、具体的規定の策定作業を継続していくこととなりましたので、こちらも引き続き注視が必要です。なお、この20ヵ国には、豪州、カナダ、フランス、イタリア等、日本との租税条約にまだ仲裁条項が導入されていない国もあります（2016年3月31日現在）。日本としては仲裁を含む租税条約に順次改訂していく方向ですので、こちらの動向も合わせてみておく必要があります。

第4節　多国間協定の開発（行動15）

Q117.
多国間協定とは何ですか

Point

多国間協定とは、BEPS最終報告書で勧告された内容のうち租税条約の改訂に係るものをスピーディーに実施に移すための枠組みです。

BEPS最終報告書では、行動2（ハイブリッド・ミスマッチ取決めの無効化）、行動6（条約の濫用防止）、行動7（PE認定の人為的回避の防止）、行

図表44◆OECDモデル租税条約の改訂内容の例

条	内容	改訂内容	
1	人的範囲	2（新設）透明な事業体・取決めが得た所得の取扱いの明確化 3（新設）セービング・クローズ	
4	居住者	3（改訂）二重居住者の居住地国は相互協議により決定するよう努力	
5	恒久的施設	4（改訂）準備的・補助的活動は実質判定（オンライン販売・巨大倉庫はPE） 4.1（新設）細分化防止規定 5（改訂）反復して「企業の名において」又は「財・役務の提供に係る」契約を締結し、又は「…契約の締結に繋がる主要な役割」を果たす場合、代理人PE 6（改訂）専属的に又はほとんど専属的に一以上の密に関連する者（50%超支配関係）に代わって行動する者は独立代理人とはならない	
10	配当	2a）（改訂）「25%以上直接保有」の意義の厳格化	
13	譲渡所得	4（改訂）不動産化体株式の意義の厳格化	
25	相互協議	1（改訂）相互協議の申立てをいずれの締約国に対しても可能にする 5（脚注の削除）仲裁制度に対する立場を表明	
X	特典資格 （新設）	1　適格者でなければ条約特典は付与されない 2　適格者の範囲 3　能動的事業活動基準 4　派生的受益者基準 5　権限ある当局認定 6　用語の定義	1～6（LOB）
		7　主要目的テスト（PPT）	

注：このほか、条文の新設・改訂に伴うコメンタリーの整備がある。また、米国モデル租税条約改訂を踏まえた修正があり得る

動14（紛争解決メカニズムの効率化）において、OECDモデル租税条約の改訂に関する様々な勧告がなされました。条文については例えば図表44のような変更が予定されています。第5条（恒久的施設）、第X条（特典資格条項）の内容はこれまでみてきたとおりです（詳細は第2編第2章第1節、第2節参照）。

　通常であれば、OECDモデル租税条約が改訂されると、各国は1つひとつ、個別の租税条約の改訂交渉を行うことになります。しかし、世界には3,000本以上の租税条約があるとされ、しかも一本の条約の改訂には通常、数年かかります。せっかく勧告を出したのに実施が十数年後ということでは意味がありません。

　そこで行動15では、本来、二国間で改訂すべき内容を一気に多国間で実施することができないか検討が行われました。国際法の専門家も交えた議論の結論は"feasible and desirable（可能であり望ましい）"というもので、BEPS最終報告書を待たず、2015年2月の時点で具体化のための枠組みが定められています。

　これによれば、関心のあるすべての国・地域は、多国間協定の開発のための作業グループに参加することができるとされています。現在、グループの議長は英国、副議長についてはモロッコ、中国、フィリピンの政府代表が務めており、事務局はOECDが担当しています。2015年11月に第1回の会合がもたれ、その時点で95ヵ国・地域が参加、このなかにはもちろん日本も含まれています。

　グループは2016年7月までに必要な作業を終え、同年12月31日までに多国間協定を署名できる状態にする予定です。なお、当初米国は、このグループに参加しておらず、関係者をやきもきさせていましたが、最終的に参加を決断しました。行動14で20ヵ国が仲裁規定の導入に向けた決意表明を行いましたが、これは相互協議（第25条）の改訂にかかわるものです。米国が参加したのは、グループのなかで仲裁に関する議論を主導するため、とみられています。

第4節　多国間協定の開発（行動15）

Q118.
今後の注目ポイントは何ですか

Point

選択肢のある勧告の個別条約への組み込み方です。

　例えば行動6においては特典資格条項としてLOB（特典制限規定）とPPT（主要目的テスト）が勧告されましたが、個別条約への組み込み方としてLOBとPPTの両方、PPTのみ、LOB及び導管取決防止メカニズムという3つの選択肢があるなかで、各国の志向はだいぶ異なると思われます。

　従って、2016年末に多国間協定を署名できる状態になるといっても、参加国が一斉にボタンを押して一回で成立、一気に二国間条約の改訂へ、ということにはならず、A国との間ではPPTを有効とする改訂をし、B国との間ではLOBとPPTの組み合わせを有効とする改訂をするというように、国ごとに個別の事情が出てくると考えられます。実際にどのような形で多国間協定の議論が終結するのか、注意深くみておく必要があるでしょう。

第3章 まとめ（新しい国際課税の潮流）

Q119.
まとめると、BEPS最終報告書によって、これまで節税策を駆使してきた一部多国籍企業はどのような影響を受けるのですか

> **Point**
> 軽課税国に所在するキャッシュ・ボックス等に対する利益移転が、ある程度できなくなると考えられます。

　比較的法人税率の高い国に所在する親会社A社が軽課税国に低機能かつ資本提供のみを行う子会社B社（キャッシュ・ボックス）を置いているというのがこの図表45の表す基本的な構造です。

〔行動8〜10　移転価格と価値創造の一致〕（詳細は第1章第5節参照）

　この場合、例えばA社が評価困難な無形資産をB社に低額譲渡した場合、事前の予測と事後の結果が大きく乖離すれば、A社所在地国で所得相応性基準が発動され、A社の所得金額は増額更正されることになるでしょう（①）。また、B社はキャッシュ・ボックスであることから、資金は豊富なわけですが、A社における研究開発プロジェクトに対し、B社が研究開発費を提供したとしても、研究開発に関するリスクは支配しないでしょうから、収益の配分は低い水準（リスク・フリー・リターン）に留まり、B社に超過利潤の帰属は認められないことになります（②）。

〔行動4　利子控除制限〕（詳細は第1章第7節参照）

　仮にA社がB社から借入れを行い、利子を支払っている場合は、A社は固定比率ルールにより、過大な支払利子について損金算入ができなくなります（③）。

〔行動3　効率的なCFC税制の設計〕（詳細は第1章第4節参照）

　これらを前提にしても、なお、B社にはリスク・フリー・リターンや受取

利子が帰属するかもしれません。そこで、B社に実体がなければ、A社所在地国はCFC税制を適用し、B社の所得をA社に合算するかもしれません。

〔行動6　条約の濫用防止〕（詳細は第2章第1節参照）

なお、仮に何らかの形でB社が無形資産を保有していたとして、その無形資産に係るライセンスをC社経由でA社に提供していたとします。この場

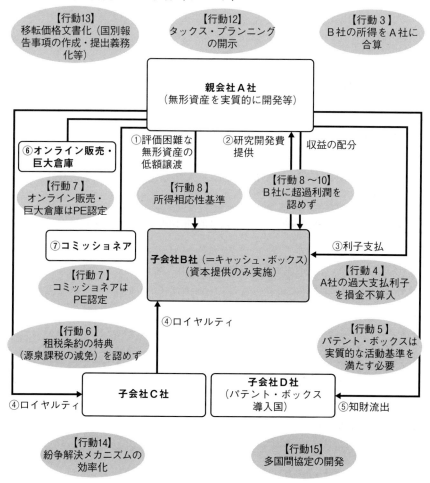

図表45◆一部多国籍企業への影響（イメージ）

合、A社所在地国とC社所在地国の租税条約にLOBが入っていれば、C社は適格者とはならず、A社からC社に対するロイヤルティの支払については、源泉税の減免という特典が否認されるかもしれません（④）。

〔行動5　有害税制への対抗〕（詳細は第1章第6節参照）

ところで、A社が価値ある知的財産権を子会社であるD社に移し、D社所在地国で導入されているパテント・ボックスの適用を受けようと試みたとしても、今後はネクサス・アプローチと呼ばれる実質的な活動の基準により、パテント・ボックスの優遇度合いはだいぶ減少することになりそうです。D社が自分で開発した知的財産権ではなく、A社から取得した知的財産権だからです（⑤）。

〔行動7　PE認定の人為的回避の防止〕（詳細は第2章第2節参照）

仮にA社がオンラインで注文を受けた商品を販売するための巨大倉庫を外国に有する場合、今後、その倉庫は倉庫所在地国でA社のPEとなりそうです（⑥）。また、コミッショネアとして、これまで巧みにPE認定を回避してきたような外国子会社の活動は、今後、A社の代理人PEと認定される可能性があります（⑦）。

〔行動13、12　移転価格文書化、義務的開示制度〕（詳細は第1章第3節及び第8節参照）

一般論として、国別報告事項の作成・提出、あるいはタックス・プランニングの開示制度の導入により、A社の節税動機は今後、抑制されると思われます。

もちろん、これらはイメージであり、すべてがBEPS最終報告書の想定どおり進むとは限りません。むしろ、節税策をめぐる企業と課税当局とのいたちごっこは今後も続くでしょう。しかし、キャッシュ・ボックスへの利益移転はある程度、封じることができると考えられ、BEPSに関与していない企業との競争条件の均衡化が期待されるところです。

第3章　まとめ（新しい国際課税の潮流）

Q120.
まとめると、BEPS最終報告書によって、日本企業はどのような影響を受けるのですか

> **Point**
> 国内ではCFC税制や過大支払利子税制等の改正が想定され、海外では移転価格課税、PE課税等の増加が懸念されます。

　日本企業は、一般的にはこれまで積極的な節税策を駆使してこなかったのですが、それでもBEPS最終報告書の影響を受けることになります。まず、図表46の上半分では、親会社であるA社が、今後、どのような国内法改正の影響を受けるかということを示しています。平成27年度税制改正で行動1（電子経済への対応）、行動2（ハイブリッド・ミスマッチ取決めの無効化）、平成28年度税制改正で行動13（移転価格文書化）に関する改正が行われています。今後も行動3（効率的なCFC税制の設計）については平成29年度税制改正、行動4（利子控除制限）、行動8〜10（移転価格と価値創造の一致）、行動12（義務的開示制度）については平成30年度税制改正以降、改正の議論がされる可能性があります。

　〔行動8〜10　移転価格と価値創造の一致〕（詳細は第1章第5節参照）
　日本の親会社であるA社が外国に子会社B社を有しているとします。A社が製造業で無形資産の開発等の機能を担い、B社が製造子会社でその改善等の機能を遂行する場合、どちらの会社が価値創造に貢献したか、それぞれが所在する国の課税当局同士で見解が異なり、新たな移転価格課税が行われるかもしれません。

　なお、移転価格税制については、これら無形資産に関連する取引に影響を及ぼす所得相応性基準やPS法のガイダンスがOECDにおいて積み残しの検討課題となっているため、最終的な成果物が注目されます。

　〔行動7　PE認定の人為的回避の防止〕（詳細は第2章第2節参照）
　あるいは別の可能性として、B社が製造子会社ではなく、A社の営業を請

図表46◆日本企業への影響（イメージ）

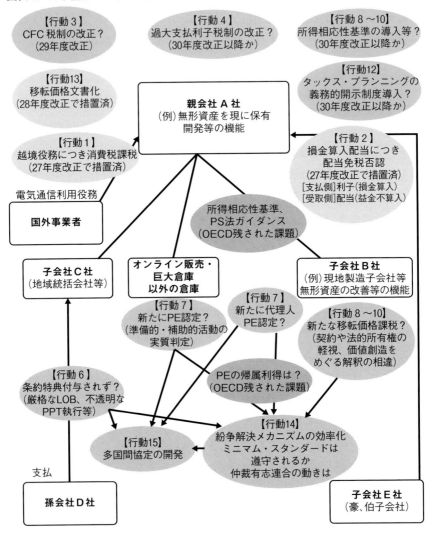

け負った者としてB社所在地国内でA社の顧客に接触し、その後、A社と顧客が契約を結んだ場合、B社は「契約の締結に繋がる主要な役割」を果たしたとされ、A社の代理人PEと認定されるかもしれません。

また、外国の倉庫において顧客へ引き渡すための製品や部品を有する場合、その活動が準備的・補助的でないとされ、PEと認定される可能性もあります。

さらに、これらの場合、どの程度の所得がPEに帰属するかはOECDにおける今後の検討課題ですが、新興国等がその額を過大に認定するかもしれません。

〔行動14、15　紛争解決メカニズムの効率化、多国間協定の開発〕（詳細は第2章第3節及び第4節参照）

上記のような移転価格課税、PE課税が行われた場合、紛争解決メカニズムへの期待が高まりますが、24ヵ月以内に相互協議を妥結する等のミニマム・スタンダードがしっかりと遵守されるのか、気がかりなところです。また、日本を含む20ヵ国で仲裁導入に向けた動きがありますが、多国間協定に関する議論の結果、それをどのように個別の条約に落とし込んでいくのかということについても注目されます。

〔行動6　条約の濫用防止〕（詳細は第2章第1節参照）

条約の濫用防止については、外国子会社間での取引に注意が必要です。地域統括会社等の機能を果たす子会社C社が、その地域内の孫会社であるD社から投資所得を得た場合、C社所在地国とD社所在地国の間の租税条約にLOBやPPTが入っていると、D社所在地国において源泉税の減免等の特典が付与されないかもしれません。

この図表は懸念にフォーカスしたものであり、現実よりもだいぶ悲観的な内容かもしれませんが、様々な事態を想定しておくことは必要です。

Q121.
BEPSプロジェクトによってみえてきた新たな国際課税の潮流とは何ですか

Point

税制に関する国際的な協調の進展です。

　BEPSプロジェクトを契機に、税制については国際的な競争から協調への転換が生じつつあるといわれています。また、価値創造や経済活動の場における課税という原則も、新たな国際標準と呼ぶには時期尚早ですが、共通理解として徐々に国際的な支持を集めているようです。

　これらが一般的に、国際課税の潮流変化と呼ばれるものです。今後、BEPS最終報告書で勧告された内容が各国で実施されるなかで、協調はどのように展開していくのか、また、価値創造とは具体的に何か、といったことについて、モニタリングや深度のある議論が期待されます。

　なお、経団連がBEPSプロジェクトへの関与を通じ、感じたことは以下の3点です。それらを紹介し、本編の締めくくりとさせていただきます。

　第1は、課税の内容に関するもので、いわゆる実質主義についてです。例えば今後、移転価格税制において価値創造への貢献を分析する際、あるいはPEに関し、準備的・補助的活動の判定を行う際、取引の実質は何か、経済活動の実質とは何か、ということが従来以上に問われることになると考えます。

　この議論にはどうしても主観性が伴うため、各国の課税当局と企業の見解が異なる場面が出てくると思いますが、やはり実態を最も把握しているのは当該企業です。どのような場面においても一貫した主張ができるよう、備えを強化しておくことが必要であると思われます。

　第2は、国際課税に関する国際的な議論への参加の重要性です。国内における政策減税等の通常の税制改正と異なり、国際課税制度についてはOECD／

G20で先に制度の大枠が固まり、その範囲内で国内法制化の議論が行われますので、国内法制化の段階で意見発信をしてもタイミングを逸します。欧米の企業・団体は組織的に、人的リソースを割いて国際的な議論の動向に目を光らせており、日本の経済界として学ぶところは多々あると感じます。経団連としても今後の課題の1つであると認識しています。

　第3は、アジアにおける協力の可能性です。アジアにおけるOECD加盟国は日本と韓国だけですが、中国やインドをはじめとする重要な国も存在します。これまで日本の経済界は、政策面ではFTA／EPA、インフラ、環境協力といった面でアジア諸国・経済界との連携を強化してきましたが、今後は国際課税という分野でも議論のプラットフォームを構築していく必要があるのではないでしょうか。経団連・21研としては、その具体化に向けた検討に着手しています。

第3編
座談会
～新しい国際課税の潮流と企業に求められる対応～

テーマ
BEPSプロジェクトに対する企業実務家の声を聞く

菖蒲静夫（キヤノン）
　BEPSプロジェクトに関しては、非常に高い関心と危機感を持って取り組んだ。特に、国別報告事項の提出方法については、条約方式にこだわった。次の焦点はCFC税制の改正だ。

合間篤史（新日鐵住金）
　国際協調的な税の議論は新鮮だった。ただ、ルールの調和はこれからの課題であり、モニタリングが必要。日本の税制改正においては、企業の競争力強化の視点も重要だ。

八若和紀（三井物産）
　新しい国際課税ルールの実務対応はまさにここからが本番。直近事業年度のデータをベースに国別報告事項とマスターファイルをトライアルで作成中。グループ内連携も強化する。

座談会
新しい国際課税の潮流と企業に求められる対応

菖蒲静夫Ayame Shizuo
キヤノン財務経理統括センター税務担当部長

八若和紀Yawaka Kazuki
三井物産経理部税務統括室長

合間篤史Kamma Atsushi
新日鐵住金財務部上席主幹

小畑良晴Obata Yoshiharu［司会］
日本経済団体連合会経済基盤本部長

小畑 2015年10月にOECDでBEPS最終報告書が公表され、今後、報告書の内容に従って、各国政府が国内での関連法制の整備などを進めることとなりました。そこで、BEPS最終報告書の影響を大きく受けることになる、グローバルに活動する企業の方に、これまでBEPSプロジェクトにどのようにかかわってきたのか、BEPS最終報告書についてどのように評価しているのか、実務的にどのような対応を始めているのか、今後の展望などについてお話をお伺いすることといたしました。

業務の概要等

菖蒲 キヤノンの菖蒲です。キヤノンの連結ベースの地域別売上高は、海外が8割、日本が2割で、海外の

内訳はアメリカ、ヨーロッパがそれぞれ3割で、アジア・オセアニアが2割と、ほぼバランスよく分布しています。一方、生産のほうについても、アジアを中心に6割方が海外生産になっている状況です。国数でいうと50ヵ国で約300社のグループ経営になっていますが、そのような状況でございますので、国際課税のBEPSプロジェクトに関しては、非常に高い関心と危機感を持って取り組んでいるところです。

合間 新日鐵住金の合間です。当社は、中期経営計画で、『総合力世界No.1の鉄鋼メーカー』の実現を目指し、「グローバル戦略の推進」をその一つの柱としています。とは申しましても、ご案内のとおり、鉄鋼業は、高炉に象徴されるような典型的な装置産業であり、従来は、日本の製造拠点で生産した製品を世界に輸出するという、いわば、グローバル・サプライヤーでありました。それをマザーミルとしての国内製造拠点と海外の製造拠点の両輪を有するグローバル・プレーヤーへと変革している過程なので、他の委員の皆さんの会社に比べると、国際的なビジネスの経験、国際課税の対応については、量的にも質的にもまだまだこれからというところです。

ただ、今回のBEPS対応は、当社のような会社も含め、非常に広範囲にわたり影響があるということでしたので、私のような立場の者からも発信することが重要と考えて、参加させていただきました。

八若 三井物産の八若です。当社の場合はいろいろなところでいろいろなことをやっていて、どこで何割というのはなかなか言いづらいのですが、全世界では66の国と地域で事業をさせていただいています。傘下にたくさんの関係会社がありますが、その約8割が海外にあります。海外の子会社というだけでも500社を超える数になっていて、まさに今回の移転価格文書化対応は、どうやって情報を集めるか、それをどうやって分析するかということで、いろいろ頭を悩ましながら対応しているところです。こういう機会に皆さんと情報交換をさせていただけるということで、本日はよろしくお願いします。

行動計画から最終報告に至るまでを振り返って

小畑 今、皆さんからお話を伺いましたが、各社各様に海外への展開の仕方も違いますし、やっている事業内容も千差万別というなかで、各社いろいろな利害を持ちながら国際対応をしていかなければいけない。そういうところで、OECDでBEPSという議論が出てきて、はじめは日本の経済界としても「何だ、これは」という感じでしたが、日本は何もいわなかった、全部それでいいのだね、ということにもなりかねないので、21研・経団連ではその動向をフォローしつつ、機会あるごとに意見を申し述べてまいりました。

OECDからの公開討議草案が出るごとに、ほぼ15の行動計画のすべてに対し意見を打ち込むとともに、パブリックコンサルテーション（公聴会）がある折には、特に重要なもの、行動13の移転価格文書化、あるいは行動計画8〜10の移転価格税制そのものが議題となったときには、出席して意見を述べてまいりました。あとはOECDの事務当局、パスカル・サンタマン局長をはじめとする幹部の方々と意見交換をするとか、OECDの租税委員会議長である日本の浅川財務官と話をするとか、いろいろな機会を捉えてOECDに対し働きかけをしてまいりました。今年の7月にも、サンタマン局長が来日する折を捉え、再度意見交換をする予定です。

そういった取り組みのなかで、特に重点を置いたのが行動13の移転価格文書化です。平成28年度税制改正により日本でも制度が始まります。OECDでの検討の当初は文書の内容や提出方法について企業側に大きな懸念がありました。これについては経団連から他国の経済界とも連携して再三意見を申し述べることにより、一番懸念されていた国別報告事項の子会社方式での提出などの事態は回避できたのではないかと思います。その他の行動計画では、PE（恒久的施設）とか、外国子会社合算税制（CFC税制）とか、移転価格の特に無形資産を中心とした取り組み等、いろいろ重要な課題がありましたが、そういったことに対しタイムリーに意見を出していけたかと思います。皆さま方からみて、このBEPS

プロジェクトについて、どのようにお感じになられたか、まずは振り返っていただきたいと思います。

●BEPSづくしの2年間

八若 特にこの2年ほど、われわれ商社のなかでも税務関係の集まりがあり、集まれば必ずBEPSのことばかり話していました。まさにBEPSづくしという感じで過ごしてきたと思います。BEPSの議論には普段意識していない難しいテーマもかなり含まれていて、ガイドラインや、公開討議草案の資料の公表から、それに対する意見提出の締切りが極めて短時間だったため、その間に大量の英語の書類を読まなければいけない。これに追われて大変な日々を過ごしてきたなと、今、振り返ってみると思います。

ただ、幸い経団連の税制委員会の場ですとか、21研とか、経済産業省の研究会などにも参加させていただき、英文だけでは分かりにくいところまで、提言の内容のみならず議論の詳細や背景なども理解する機会に恵まれ、私個人としてもそうですが、会社が対応するにあたってもこうい

八若和紀 Yawaka Kazuki
1989年三井物産入社、93年香港三井物産会計部、本社開発・運輸経理部、CFO統括部などを経て2014年より現職。

う場が大変有意義だったと思います。

また、経団連とも打合せの上、商社の団体である日本貿易会としても、当社からOECDのパブリックコンサルテーションに出席するなどの機会もいただき、われわれ日本の経済界の意見を発信して、今回、それが受け入れられたのは大変よかったと思います。

●国別報告事項の提出方法 として条約方式の採用

菖蒲 BEPSの行動13に関しては、2013年7月に全15項目から成るBEPS

菖蒲静夫 Ayame Shizuo

1981年キヤノン入社。90年税理士試験合格。経理部会計課税務担当課長、経理部副部長兼税務会計課長などを経て2007年より現職。

行動計画が出て、その後、機会があるたびに私はいつも同じことばかりお願いしてきました。経団連の税制委員会や21研の国際租税研究会でOECD租税委員会の議長の浅川さんや財務省主税局の田中参事官、そしてBIAC（OECD経済産業諮問委員会）税制・財政委員長のウィリアム・モリスさん、OECDのパスカル・サンタマンさんなどに対して、国別報告事項の提出方法についてはぜひとも条約方式でお願いしたいと繰り返してきましたが、おかげさまでそれが何とか認められたということで、諦めずに繰り返し主張してよかったと思います。

●過剰なルールにならないのか 強く懸念

合間 国際協調に主眼を置いた、税制の議論は、非常に新鮮なものでした。今までの税制改正の議論は、日本の税制として、各国の課税権の範囲内のもので、諸外国の制度は、参考という位置づけであったと思います。

正直に申し上げれば、BEPS対応として、15の行動計画が提示されたときには、一握りの企業の極端な節税スキームに対処するにしては、あまりにも過大な取り組みではないかという印象を持ったのを覚えています。やはり、法律やルールで規制できないので、何から何まで、思いつく限りの施策を検討することになってしまうのではないか、各国の税制が異なっているなかで、本当に合意に達するのか、さらには、過剰なルールになってしまうのではないかということを強く懸念していました。

一方で、会計基準の世界では、国

際的な標準化がかなり進展しており、今度は税制か、という思いもありました。会計基準の議論は、資本市場でオーソライズされたことで加速したと認識しておりましたので、税制については、今回、政治の場で取り上げられたということで、やはりこれも急速に進んでいくのだろうという予感もありました。

ただし、国境の壁の低い資本市場を背景とした会計基準に比べると、税制は、課税権という高い障壁があるため、どのように制度化され、執行されていくのかという懸念は残りました。

BEPS最終報告書を受けて思うこと

小畑 私どももBEPSの議論に参加しているなかで強く感じましたのは、各国ともそれぞれの課税当局と経済界がかなりタッグを組んで取り組んできていたということです。われわれとしては、国内法の改正であると課税当局対経済界という感じになりますが、ことBEPS、国際課税の議論のなかでは、それぞれの国が

合間篤史 Kamma Atsushi
1986年新日本製鐵入社。財務部決算グループマネジャー（税制・海外税務担当）、新日鐵住金財務部決算室上席主幹などを経て2013年より現職。

経済界と課税当局が一体となり、どうやって自国の利益につながるような制度がつくれるのか、というところを常に念頭に置きながら議論されたことが印象的でした。今後、さらに国際的な枠組みをつくっていく上でも、そういった取り組みがカギとなるだろうという印象を受けています。

このようにBEPSの議論が進み、BEPS最終報告書が昨年の秋に取りまとめられましたが、一定の国際的なルールが設定されること自体は、

小畑良晴Obata Yoshiharu

国際展開をする企業にとって予測可能性が高まるとか、競争条件が均一化されるということで歓迎する側面がある一方、ルールが柔らかいということで、ややもすればいろいろな国の当局の思惑で間違った使われ方もされかねません。それによって被害を受けるのはそこに立地している企業です。このBEPS最終報告書に対し、それぞれ皆さんはどう評価されているのでしょうか。

●企業間の競争条件の均衡化と今後の課題

合間 懸念ばかり申し上げましたが、ここまで包括的なものが出来上がったことに、正直、驚いておりますし、ここまで到達したという成果については、関係者の皆さんのご努力に敬意を表したいと思います。内容的にも、例えばミニマム・スタンダード、ベスト・プラクティス等といった形で内容に応じた位置づけがなされたことについては、経済界の生の声も反映していただいた現実的な対応として評価しております。

小畑さんからご指摘がありましたが、このBEPS対応により、企業間の競争条件が均衡化するという効果は、確かにそのとおりだと思います。いわば、企業レベルでのズルができなくなることは、われわれにとって非常に好ましいことだと思いますが、同時にそれは、各国の税制が、そのままその国におけるビジネスの競争力を規定するということでもあります。したがって、さらなる国際的なイコール・フッティング、あるいは国際競争力の強化という観点からすると、各国の税制のあり方、日本の税制改正の重要性も高まってくると考えています。

一方、実際にどのように行われるかという観点から、「ルールの調和」

と表現されていますが、これは、まさにこれからの課題であり、今回の枠組みが有効に機能するのか、各国でどのような法制化が行われるのか、執行がどのように行われるのかといった点に注目しています。その意味で、英国での迂回利益税、あるいは中国での移転価格文書化に関する改正草案の内容等については、非常に強い懸念を持っています。また、当社でも、G20に加盟していない国々にも進出しているので、それらの国々が、今後どのように動いていくのかという点は、継続してウォッチしていく必要があると思います。

実務の面から申しますと、移転価格文書化対応も含め、対応負荷は大きいと考えています。日本の企業の多くは、今回、問題とされたようなアグレッシブな租税回避行為を行っていないので、BEPS対応によるルールの厳格化は問題ないのではないかというイメージも一部ではあったようですが、今回の報告書は、税金を払うべきところで払うべきであるという「実質性」、あるいは、企業活動に関する透明性を向上すべき

であるという「透明性」、そして、企業の不確実性の排除ということで「予測可能性」という3本柱で構成されており、非常に広範な対応を求めるものです。企業の税負担がどのようになるかは別にしても、税務上のルールに従い、企業が対応、整理、開示していく必要があることからすると、実務的な負担増は避けられません。

原点に戻ったお話をさせていただきますが、もともと極端な租税回避がけしからんという判断が起点であることから、租税回避を行おうとする企業の「意図」が問題になるのではないかと思っていましたが、その点についてはあまり議論が行われなかったようです。今後、企業が経営判断をするにあたり、様々な懸念を拭えないのではないかという気がしておりますが、これは、これから実務を通じて払拭していくことになるだろうと考えています。

また、さらに原点に帰れば、「企業が価値創造する場で課税する」という原則は分かりやすいもので、これから共有化されていくルールとしてふさわしいものだと思いますが、

第3編◆座談会

実際には、課税の問題という以前に、国際的な経済取引に対する共通の理解が必要だろうと考えています。例えば、ブラジルのアマゾンに生息していた菌を使い、米国で教育を受けた日本人の研究者が、スイスの研究所で開発して、インドの工場で生産した医薬品を英国で売る。こういったサプライチェーンの価値をどのように考えるのか。どの国に帰属させるのか。こうした問題は、本来、課税権以前の問題として受け止めるべきではないかと思います。

いずれにしても、今回、国際課税に対する関心が高まったことを受け、世界経済のスキーム全体に対する理解が深まることを期待しています。

●各国が自国の法人税収を増やすための手段として用いないか懸念

菖蒲 今、合間さんがいわれたように、税制に関して国際的なルールが共通化されていくというか、調和が図られていくことは、国際的に事業展開をしている私たち企業にとっては望ましいことです。そういう観点からは、BEPS最終報告書を取りまとめられた関係者には私からも敬意を表したいと思います。

しかしながら、やはり懸念としては、現実の問題として、国によっては移転価格税制であるとか、PE課税を自国の法人税収を増やすための手段として用いているのではないかと懸念せざるを得ない動きがあることも事実です。その意味でも、われわれ企業の立場からすると、せっかくこうして調和を図ったにもかかわらず、各国が本来の趣旨に反して一方的に自国の課税権を主張して、増収を図るような動きに走らないことを切に願うところです。

●主体的な姿勢での税務対策

八若 確かに、BEPS最終報告書により、それによる国際課税ルールの調和に対する期待もありますが、皆さんのおっしゃるとおり、事務負担は確実に増大することは明らかです。特に移転価格文書化については、どうやってやるかというところから始まり、われわれも手探りでやっている点は苦労しています。ただ、新しい国際課税ルールがこれから実行に移されるということで、まさにこ

こからが本番になると感じています。

今までは、私の感覚だけかもしれませんが、税務については情報を出さないで済むのであれば出さない、言われたら出すかというぐらいの受け身的な考えもありましたが、今後は決算を公表して、それを説明するというような形に近くなってくる。税務の情報をある程度出した上で、これについてわれわれの商売、取引というものをどのように説明し、管理していくのかということがより重要で、そういう意味では、われわれも考えを改めて主体的な姿勢でやっていくことになるのだろうと思います。

始まる実務対応

小畑 今、BEPSの最終報告書に対する評価のなかで、実務対応も含めた今後に対する懸念についてご指摘がありましたが、制度は待ったなしで始まります。日本の場合、移転価格の文書化が平成28年度税制改正で入りましたが、それに先立ち27年度改正でも、例えば国境を越えた役務提供に対する消費税の課税のあり方とか、損金算入配当について外国子会社配当益金不算入を適用しないといった個々の制度改正も着実に行われています。このようにOECDの報告書に対し、日本の政府は優等生的な対応を進めています。

それに対応して企業実務はそれをこなしていかなくてはならない。新しい課税のやり方がどんどん出てくるなかで企業としてどうなのか。それからまた、特に移転価格の場合は、海外子会社をグループ経営上どう管理していくかという点からも、税務コンプライアンスという観点からもコストがかかる。これまでと違う管理手法をとらないと対応できないものではないかと思いますが、その辺の実務対応についてお願いします。

●移転価格文書化への対応と 国際税務への体制強化 の必要性

八若 今話に出たいくつかのテーマも含め、順番にお話しさせていただきたいと思います。

国境を越えた役務提供に対する消費税は、2015年10月1日から施行されていますが、電子書籍の配信とか

を行う国内事業者にとっては、同様の事業を行う国外事業者が消費税課税を受けることは、取引条件の公平性が確保されたのではないかと思います。当社でも子会社で一部このような事業をやっており、どの程度影響があるかわかりませんが、いい方向かと思います。

ただ、当社の本体ではこれに抵触するような取引はあまりないので、今のところ影響は限定的かなという感じがしています。その意味では、これが導入されたことによる価格設定とか、業務のプロセスという意味での混乱は今のところ生じていません。ただ、消費税全体が非常に複雑になってきていて、今後のことが心配ですが、とりあえず国境を越えた役務提供に関する消費税という意味では、混乱はあまり起きていません。

電子商取引については、2020年までにモニタリングの結果を反映した報告書が作成されるとBEPS最終報告書でもありましたが、これについてもどのような形でまとめられるのか、少し気になっています。われわれもまた意見を出す機会があれば、積極的に関わっていきたいと思います。

損金算入配当の配当免税否認については、豪州の償還優先株式からの配当とか、ブラジルの利子配当が一応該当すると理解していますが、当社でもブラジルにある関係会社からの配当の一部がこの影響を受けることになっています。ただ、平成21年度の税制改正で導入された外国子会社配当益金不算入制度のときには、こういった支払側で損金になるものについてもこの対象になることが認められていたので、経過措置があるとはいえ、今回のBEPSの流れによる短期間の方針転換ということで、企業によっては資金調達とか、投資スキーム見直しというような影響があるのではないかと思います。

今後については、現地での配当の取扱いを確認しなければいけないようなケースが出てくるのではないかと思います。

移転価格文書化ですが、これはまさに現在取り組んでいる最大の課題で、2015年3月期のデータをベースに、まずは1回つくってみようということで、国別報告事項と、マスターファイルを今つくっているとこ

ろです。2015年11月にはBEPS最終報告書を受け、経営幹部に対しBEPS自体の概要、それに対する当社の取り組みも含めて報告をし、ご理解とご承認をいただいたところです。国別報告事項の情報収集や集計作業については、とりあえずは連結決算システムを改修してデータを集めようということにしていますが、これについても時間とコストがかかる話です。2016年3月期分については、新しく改修したシステムを利用して作成してみようということになっています。

今まで、どこで、いくら納税しているかというのは、実は経営幹部にも報告していない情報だったので、今回初めて報告するとなると、やはりそういう結果かという感じで、一部には驚いた国もありますが、だいたい予想していたとおりだったという感じです。その意味では、やはり当社は変なことはしていなかったというのがあらためて分かったような気がしています。

ローカルファイルについても、現在作成しているものよりは対象を広げていかなければいけないと思って いて、特に今、提案されている日本のローカルファイルについては、申告期限までに文書化が必要となる取引以外のものであっても、独立企業間価格を証明する書類を要請されたら60日以内に出さなければいけないということで、この対応もどうするか検討しなければいけない。既に海外関係会社のほうでつくってもらっている移転価格文書の内容もレビューしていますが、今まで以上に労力をかけてやっていかなければいけないと思います。特に事業が多岐にわたっているので、いろいろな文書間の整合性というものが当社の場合は大変かと思います。

移転価格の文書化自体は、各国がOECDのBEPS最終報告書を遵守することが大前提になっていると思うので、国によって法制度や税務執行が異なる状況は、決して日本企業にとってもいいことではないですし、却って多大な労力を生み、税務リスクも発生させるのではないかということで、この点を特に懸念しています。

あと、国際税務に関するグループ内の体制整備についてですが、経営

幹部のなかには、当社もIFRSの次はBEPSだといって、BEPSについても少し人を割こうというような認識もあったのですが、実際にはなかなかそのようには進んでいません。結局は社外の専門人材等の力を借り、現在は国際課税担当の海外チームに8名いますが、この8名で事実上対応しています。今年はBEPS行動13の対応を踏まえた税務への当社の対応方針をグループ内で展開していかなければならないということで、この8名だけでは足りないことから、本邦の税務を担当している国内チーム、7名ほども加わり、総動員で展開していくことを考えています。

また、主要海外地域の拠点である米国、英国、シンガポール、中国の現地法人とは毎月、税務連絡テレビ会議を実施しています。本社側の税務に関する情報や、各地で起きている税制改正や移転価格の税務調査などの状況について、情報の共有、意見交換を行っています。日本側の営業会計部署や、海外店の経理担当とも今後は連携を強化していかなければいけないと考えています。

●グループ全体での移転価格への対応

合間 損金算入配当については、当社でもブラジルからの利子配当等、該当する取引がありますが、企業グループの資本関係にかかわることですので、制度が変わったからといって急に見直せるものではないと考えているのが実態です。

日本のルールとしてみると、昔の間接税額控除において利子配当は対象外という位置づけであったものが、外国子会社配当益金不算入制度に改正され、海外での課税関係はみないこととされました。それが、再度、昔に戻ったということで、あらためて、異なるロジックで見直されたという点が印象深いところです。

移転価格文書化は、当社としても頭の痛い問題で、外部専門家の力をお借りしながら、取り組んでいるところです。やはり、グループとしての整合性が課題であり、特に、連結会計をベースとする国別報告事項とマスターファイル、各国の税制をベースとするローカルファイル、それぞれ相互の整合性が大きな問題と考えています。

今さらながらではありますが、すべての子会社が、単一のサプライチェーンのなかの100％子会社だけということであれば、経営のロジックと一致するので、移転価格ポリシーとして整理できるはずですが、実際には50％：50％の合弁会社があったり、様々な市場価格をインデックスとして参照しながら対応しているとか、グループ内とはいいながら個別交渉をしているなどの状況を移転価格税制のロジックで整理し直さないといけません。実務的に、まだ落ち着きどころがみえていないので、具体的な準備作業を進めながら詰めていきたいと考えています。

体制の整備については、八若さんからお話があったように、皆さん、強化を進めているという話を伺って、うらやましいと思っている状況で、当社は、まだ、これからという段階です。検討を始めると、個別の海外子会社との関係だけではなく、国内の子会社が展開している海外のグループ会社の情報管理体制も含まれるため、非常に広範囲な対応が必要になるというイメージであり、当社も、ぜひ、この機会を生かしていきたいと考えています。

● **千載一遇のチャンスと捉え、実のあるものにする**

菖蒲 これから税の実務対応が迫られますが、その前提としては国際課税、なかでも移転価格税制の対応は経営の重要な課題ではないかという認識があります。もともと当社のトップ・マネジメント、CEO、CFOは企業が果たすべき社会的責任の最も重要なものの一つとして納税の義務を果たすことを挙げており、そのことを実際に社内外のいろいろな場でも表明していました。

ですから、その下で働くわれわれ事務方はやりやすい環境にありますが、今回このBEPSの問題を契機として、企業防衛の観点からも、より適切な対応を行えるような体制の整備、要員の拡充というものをやっていかなければいけないということです。そのことについては企業のトップも認識しているので、本当にこれを千載一遇のチャンスと捉え、ぜひ実のあるものにしていきたいと思います。

今後の展望

小畑 今、皆さんからお話がありましたように、日本企業のグループ経営のあり方は、BEPS最終報告書が前提としている税務情報の流れとはかなり異なっていたのではないでしょうか。どちらかというとBEPS最終報告書は中央集権的な企業グループ、100％の資本関係で全部つながっているような強固なグループをモデルとして、そのなかで税務情報がどう集まっているのかといったところを前提に組み立てられているところがあるのではないかという気がしています。

必ずしも日本の企業グループはそのようにはなっていません。むしろ、個々の子会社に自由な裁量を持たせる統治構造をとっているのではないでしょうか。その辺の接続がこれから実務的には苦労されるのではないかと感じています。その意味でも先ほどありましたように、これを契機に千載一遇のチャンスとして、グループ経営のあり方も含め、あらためて経営陣に移転価格も含めた税務コンプライアンスのあり方というところを、よく認識していただく機会になるのかと思います。

最後のテーマですが、こうした問題を抱えながらも実践していかなければいけないBEPS対応ですが、昨年のBEPS最終報告書ですべて片が付いたわけでは全然ありません。今後もBEPS最終報告書をどう実行に移していくかということで、一貫性のあるインプリメンテーション（実施）、それからちゃんと各国がそれに従ってやっているのかというモニタリング、この辺が国際的には重要になってきます。それとともに、例えばPS（取引単位利益分割）法、所得相応性基準、PE帰属所得のガイダンスなど、BEPS最終報告書ではなおペンディングとされた事項もあります。

それからまた、BEPS最終報告書で出された勧告の中身を、日本の国内法制としてどう取り入れていくのかということでは、平成29年度税制改正ではおそらくCFC税制はターゲットとなるであろうと考えられますが、それのみならず、移転価格における無形資産の取扱いとか、利子控除制限等々の課題もこれから出て

きます。

　そういうなかで今後、どのように対応していったらいいのか。また、私ども経団連、あるいは21研に対し、今後どのように検討を進めていったらいいのかという辺りについてご示唆をいただければと思います。

● **国際社会のモニタリングの重要性**

菖蒲　BEPS最終報告書の勧告の一貫性のある実施とモニタリングについては、15から成る行動計画は幅の広いものですから、私たち企業サイドにおいても相当な時間やエネルギーを要します。そこに輪をかけ各国が独自に課税権を主張しはじめると、国と国との間の利害に挟まれる企業としては、どのように対処すればいいのかが分からなくなってしまいます。二重課税問題に巻き込まれてしまうことを大変危惧しています。したがって、各国においては今回のOECD、G20の勧告に対しては一貫性のある実施をぜひともお願いしたいと思います。

　特に行動13の移転価格文書化のマスターファイル、ローカルファイル、そして国別報告事項については、勧告に準拠していただき、BEPS最終報告書で求められている事項以外のことを、独自に追加的に義務を課すようなことは慎んでいただきたいと要望します。それを担保するためにも、各国がちゃんと法令及び執行において勧告に従っているかどうかを、国際社会がモニタリングしていくことは必要だと思います。

　次に、OECDの残された課題として、例えば移転価格税制におけるPS法や所得相応性基準の適用本格化の動きがありますが、このBEPSプロジェクトは、米国籍企業の行き過ぎた租税回避行動を防止しようじゃないかという観点からスタートしたものであると理解しています。その観点からのアプローチは、新聞報道からも最近いろいろな成果が上がってきたと推察しています。しかしながら、従来、各国の税制の違いを巧みに利用して過度な節税のためのタックス・プランニングを実施してこなかった多くの日本企業にとっては、逆に従来よりも二重課税のリスクは高まってしまうのではないかという懸念が、どうしても付きまといます。

そのなかでも移転価格税制におけるPS法とか、所得相応性基準の適用については、もし各国間の合意がなされないままに片方の国だけが独走すると、二重課税のリスクは避けられません。無形資産の評価について、所得相応性基準は、率直な感想としてみれば、まだまだ多くの日本企業のトップ・マネジメントにおいては、それはいったい何なのかということで、その認知度や理解度は上がっていないと思います。

したがって、単なる税務申告上の専門的・技術的な取扱いという観点からでは、このテーマの本質を見誤ってしまいます。事業経営、企業行動と直結させ、無形資産の評価に関しては、マネジメントのポリシーと整合性が図られる必要があるので、そういう意味ではOECDにおいては税の世界の狭い話ではなく、多国籍企業の事業展開における経営課題として取り組んでもらえればと期待します。

次に、日本の税制改正の話ですが、移転価格文書化については平成28年度の改正で既に手が打たれているということで、次の大物としては行動3のCFC税制だと思います。多くの企業からもコメントされていますが、わが国のCFC税制は既に世界的にも最も厳格で、レベルの高いものとなっているので、BEPSの観点からいうと、早急に抜本的改正をしなければいけないというものではないのではないか、必要度はそんなに高くないのではないかと思います。

むしろ、厳格すぎて日本企業の国際競争力を阻害している。例えば、グループ内の組織再編から生じる株式の譲渡益（キャピタルゲイン）の取扱いなどを規制緩和するという、従来経済産業界から要望している事項について改正を急いでもらい、CFC税制を分かりやすく、使い勝手のいいものに直していく進め方を希望します。また、各国で合理性を欠くPEに係るみなし課税が強行されないように、条約の拡充及び整備というものもぜひお願いしたいと思います。

最後に、経団連及び21研への期待ですが、おかげさまで2009年に第1回の21研の国際租税研究会が立ち上がり、もう7年になります。立ち上げの当初から、移転価格税制におけ

る事業再編や無形資産の取扱いなど、とても個社単位では情報の収集や理解、分析、対応策の立案などが、困難ではあるがやらなければならない、そういう重要なテーマを取り上げていただき、その一員として参加できたことは大変有用であり、価値のあることだと感謝しています。

　会計士や税理士や弁護士などの職業専門家、大学の教授などの研究者、そして私たち企業の実務家による情報共有、ディスカッション、検討成果の取りまとめ、さらには財務省主税局や経済産業省、BIAC本部、OECDの租税委員会の関係者の各位と意見交換をすることができました。そして、実際に要望事項を政策に反映させることもある程度できましたので、よかったと思います。

　また、タイミング的にも、2012年6月にOECDでBEPSプロジェクトが立ち上がり、そのタイミングにうまく21研の国際租税研究会が合致しました。したがって、日本の経済界が何か発信するときの窓口といいますか、受け皿としての役割も果たすことができたと思っていますし、今後もこのような活動は継続して発展させていくべきであると期待します。

●CFC税制も今後の大きな課題

八若　菖蒲さんがおっしゃったことと重なる部分があるのですが、BEPS最終報告書に対して、それに積極的に既に取り組んでいる国がある一方、反応の遅い国が出てきていて、足並みは揃ってないなと感じています。その意味で、今回掲げられているようなモニタリングは大変重要だと思います。日本は大変真面目に取り組んでいるという話がありましたが、その結果、日本なりわれわれ企業が不利益を被ることがないようにお願いしたいと思います。

　今後の税制改正ではCFC税制が一番気になっているところでもあります。日本貿易会でも、毎年の税制改正要望案の取りまとめをしていますが、CFC税制に関する項目が一番多く、内容も細かく、経産省にすべては聞いてもらえないというぐらいのものになっています。それだけ複雑で分かりにくい制度であり、現在の企業行動の実態から一部離れてしまっている部分もあるのかと思い

ます。

　依然として英国をはじめとして税率を引き下げようという国があるなかで、現行のCFC税制のトリガー税率などについては、やはり何らかの対応をしていただかないと困ると思います。また、国別報告事項についても、2020年に見直しが予定されていて、聞くところによると、国別報告事項の報告項目を増やしたいという話が出るのではないかということです。その辺についても懸念があるので、意見募集があればしっかり対応していきたいと考えています。

　最後に、経団連の税制委員会や21研の研究会は、大変有意義な情報共有、意見交換の場だと思います。引き続き参加させていただき、日本企業としてよい発信につなげられるように少しでも貢献していきたいと思います。

●企業サイドからの情報発信の重要性

合間　皆さんがおっしゃったことの繰り返しになりますが、BEPS対策が、国際的な協調を目指している以上、関係者間のトラブルを回避するためにも、納税者のスタンスが問われると同時に、課税当局のスタンスも問われる課題と考えるべきだと思います。そのためにも、モニタリング等も含め、適切な執行につなげていただきたいと思います。既に日本の課税当局は対応していただいているという話も伺っていますが、今後も、引き続き、よろしくお願いしたいと思います。

　国内法制化については、CFC税制、あるいは移転価格税制等についてお話がありましたが、BEPS対策として検討されたことすべてを実行しなければならないという性格のものではないと思っています。日本の税制に整合的な取捨選択、という言い方もおこがましいですが、現実的な制度の実現に向けて、具体的な法制化に関する議論に参加させていただきたいと考えております。

　経団連の皆さん、また、21研の皆さんには、深く感謝しております。企業サイドからの発信の主体として、BIAC経由を含め、各国の経済界と協調して、OECDに対して、積極的かつ効果的に発言、関与していただ

きました。BEPSの議論は、欧州が中心になっているのが実態だと思います。そういう状況下で、日本企業からの生の声をあげていただいたり、現地の生の情報を伝えていただいたり、また、日本国内における発信についても、非常に感謝しています。これからも引き続き、よろしくお願いしたいと思います。どうもありがとうございました。

小畑 ありがとうございました。皆さんのご意見をよく踏まえ、これからも国内法対応、OECDを含めた国際対応については経団連・21研のなかでよく議論した上で、積極的な意見発信に努めてまいりたいと思いますので、引き続きご協力のほど、よろしくお願いいたします。

（2016年2月23日　経団連会館にて）

項目索引

【ア行】

一般基準　177
一般的否認規定　192
移転価格ガイドライン　125
移転価格課税　28
移転価格税制　85
移転価格と価値創造の一致　125〜
移転価格の結果と価値創造の一致　129
移転価格文書化　85〜
益金　25
エンティティ・アプローチ　108

【カ行】

外国子会社合算税制　104
外国子会社配当益金不算入制度　80
外国税額控除制度　34
過少資本税制　163
課税所得　25
過大支払利子税制　164
企業活動の分割　220
帰属主義　227
既存のスタンダードの改正　58
義務的開示制度　175〜
キャッシュ・ボックス　127
共通アプローチ　58
居住者　196
国別報告事項　89, 97, 101
グループ比率ルール　169
原価基準法　145
建設PE　211
源泉税　31
コーポレート・インバージョン　124
行為計算否認規定　192
恒久的施設　210〜
行動1　66〜

行動2　76〜
行動3　104〜
行動4　160〜
行動5　151〜
行動6　193〜
行動7　210〜
行動8　136〜
行動8〜10　125〜
行動9　130〜
行動10　143
行動11　23
行動12　175〜
行動13　85〜
行動14　228〜
行動15　241〜
効率的なCFC税制の設計　104〜
国外関連取引　85
国外事業者申告納税方式　74
国連モデル租税条約　212
固定比率ルール　167
個別基準　177
コミッショネア　213

【サ行】

再販売価格基準法　145
資産性所得合算課税　114
事前確認　90
自発的情報交換　157
主要目的テスト　201〜
準備的・補助的活動　211, 218
情報交換　159
条約漁り　42, 198
条約の濫用防止　193〜
条約方式　94, 102
所得　25

所得相応性基準　140
総合主義　227
相互協議　230〜
租税条約　193〜
損金　25

【夕行】
代理人PE　211, 215
多国間協定　241
多国間協定の開発　241〜
ダブル・アイリッシュ・ダッチ・サンドウィッチ　46, 79
チェック・ザ・ボックス・ルール　79
仲裁　230, 234
調整所得金額　165, 173
デジタルエコノミー　66
電子経済への対応　66〜
デンピー　139〜
導管取決防止メカニズム　202
同時文書化　100
特典資格条項　198
特典制限規定　199
独立価格比準法　145
独立企業原則　85, 125
独立代理人　211
トランザクショナル・アプローチ　108
トリガー税率　106
取引単位営業利益法　145
取引単位利益分割法　143
取引の否認　134

【ナ行】
二重課税　29, 228
ネクサス・アプローチ　151〜
のれん　138

【ハ行】
ハイブリッド・ミスマッチ　185

ハイブリッド・ミスマッチ取決め　76
ハイブリッド・ミスマッチ取決めの無効化　76〜
派生的受益者基準　200
パテント・ボックス　151〜
プロモーター　175
紛争解決メカニズムの効率化　228〜
平衡税　67
ベスト・プラクティス　59
他の租税回避の可能性の高い取引に係る移転価格ルール　143

【マ行】
マスターファイル　90, 97, 101
ミニマム・スタンダード　58
無形資産　137〜
無形資産取引に係る移転価格ルール　136〜

【ヤ行】
有害税制への対抗　151〜

【ラ行】
利子控除制限　160〜
リスクと資本　130〜
リスク・フリー・リターン　133
リバースチャージ方式　73
リンキング・ルール　79
ルーリング　157
ローカルファイル　88, 100, 101

AOA　227
APA　90
BEPS　20〜
BEPS行動計画　51
BEPS最終報告書　20, 58
BEPSの測定・モニタリング　23
BEPSプロジェクト　250
BIAC　53〜

CFC税制　**104**〜
DEMPE　**139**〜
EBITDA　**167, 173**
GAAR　**192**
LOB　**199**
OECD承認アプローチ　**227**

OECDモデル租税条約　**212**
PE　**210**〜
PE認定の人為的回避の防止　**210**〜
PPT　**201**〜
PS法　**143**
VMI　**223**

項目索引

21世紀政策研究所のBEPSプロジェクトに関する取り組み一覧

(2016年4月末現在)

2014年5月	報告書「グローバル時代における新たな国際租税制度のあり方〜国内法への帰属主義導入とBEPS(税源浸食と利益移転)問題を中心に〜」
2015年2月	OECD－経団連・21研 国際課税に関する会議－BEPSプロジェクトとわが国の対応－
2015年4月	報告書「グローバル時代における新たな国際租税制度のあり方〜BEPS(税源浸食と利益移転)プロジェクトの討議文書の検討〜」
2015年12月	大阪セミナー「今こそ必要！ 経営陣に求められるBEPS対策」
2015年12月〜	経団連タイムス連載「BEPSをめぐる問題と企業への影響」
2016年3月	名古屋セミナー「今こそ必要！ 経営陣に求められるBEPS対策」
2016年4月	報告書「グローバル時代における新たな国際租税制度のあり方〜BEPSプロジェクトの総括と今後の国際租税の展望〜」

報告書につきましては、21世紀政策研究所のホームーページ（http://www.21ppi.org/archive/tax.html）をご覧ください。

執筆者一覧

（役職は2016年3月31日現在）

小畑良晴　経団連経済基盤本部長
濱岡恭平　21世紀政策研究所研究員
服部智之　経団連経済基盤本部
幕内　浩　経団連経済基盤本部
神谷智彦　経団連経済基盤本部

BEPS Q&A
新しい国際課税の潮流と企業に求められる対応

編著者
21世紀政策研究所
経団連経済基盤本部

発　行
平成28年5月20日　第1刷

発行者
讃井　暢子
発行所
経団連出版
〒100-8187　東京都千代田区大手町1-3-2
経団連事業サービス
電話　編集03-6741-0045　販売03-6741-0043

印刷所
サンケイ総合印刷

© The 21st Century Public Policy Institute 2016, Printed in Japan
ISBN978-4-8185-1602-1 C2034